先生！子どもが元気に育っていますか？

増補改訂

淡路 子育て支援教育研究所
淡路雅夫

はしがき

１９９０年から始まったセンター試験が、大学入学共通テストに衣替えします。いわゆる、「入試改革」です。社会の変化に伴って英語の話す力や、記述式問題の導入によって自分の考えを表現する力を身につけさせようということで、センター試験に変わる「大学入学共通テスト」の導入を始めるわけです。

このような文部科学省の「教育改革」は、70年代の「共通一次テスト」、90年代の「センター試験」、そして、２０２１年から行われる「大学入学共通テスト」という変化を見てわかるように、常に、「社会の変化に対応できる人材」の問題が背景にあるということです。50万にも及ぶ受験生が、一斉に同じ試験を受けるテストは、受験生の学習の目安としての効果はありました。しかし、社会の変化に対応できる新たな人材を求める風潮が強くなって、再び入試改革をということになったわけです。

過日、外国からの留学生と海外での留学経験のある日本の高校生とが、留学体験についての情報交換会がありました。留学生は日本語で話し、日本の高校生は英語で話すということが原則でした。そこで気づかされたことは、話す内容と気づき力、話し方の違いでした。日本の生徒は、正確な英語で一生懸命に自分の考えを伝えているのですが、留学生の話す日本語は、たどたどしいところもありましたが、話し方が豊かでパフォーマンスに長けたコミュニケーション力を感じました。また、英語でのディベート大会で成果を上げている私立学校の演習方法をみると、英語力を高めるトレーニングはもちろん、日本語での話し合いを中心に会話の伝わり方をじっくり指導している、という話しを伺いました。

入試改革といって、とかく入学試験が話題になっていますが、入学試験は、それぞれの学校の教育方針に応じて実施するのが原則です。

入試の選抜方法は、どの校種でも、各校の教育のために創意工夫されるべきものではないでしょうか。さらに私立学校は、自校の建学の精神に基づいて、社会に有為な人材を育てることが重要で、大事なことは、入学後の教育のあり方です。私学は、現在抱えている成熟社会の課題や多様な社会の変化のなかで、その状況の変化に対応できる人間育成・人間開発が求められているはずです。そのために私学は、常に、子ども一人ひとりの人材力を高める上での自校の指導のあり方と入試改革を考える必要があると思います。

今回、「教員のための教科書」ともいえる初版本の増補・改訂の機会を与えられました。当初、改訂せずに再版をお願いしようと思っていたのですが、初版出版後5年がたち、その間には30

回を超える私学の教頭研修会や校長先生との私学経営の勉強会（「令和校長塾」）の資料なども整理されていましたので、比較的短期間に増補・改訂ができました。

グローバル教育出版の山本浩二社長には、子どもや保護者の教育支援、私学のための学びについて、常に、熱い志をいただいて日頃から感謝しているところです。

今回、手を加えた増補部分の執筆の趣旨は、私学は大学の合格者数を競うことよりも、現在の私学の指導の振り返りを試みて「先生、いまの指導で子どもを社会に出せますか」という視点で、まとめました。

子どもの生き方というよりも、これからのモデルのない社会で子どもが生き残るために必要な学力を考えるということです。多様な社会で、常に、選択を余儀なくされる子どもの将来のために、いま何を学ばせておかなければならないかということです。もちろん、指導に正解はありませんが、少なくとも、将来の不安定な社会に対応できる私学での学びを加筆しました。増補・改訂された本書も、子どもが元気に育つ指導のために参考にしていただければ、幸いです。

目次

第1章 子どもが育てられている背景

1　成熟社会での教育の課題

私たちは、長い不況からなかなか抜けられずにいます。心の底ではそのうちきっと景気は回復する、という願望をも捨て切れずにいるのではないでしょうか。とりわけ、高度経済成長後に生まれた人たちや若者にとっては、右肩上がりの豊かな生活は当たり前のように受け止められ、夢よもう一度という意識は消えないかと思います。しかし、物価が上がり収入がそれに追いつかず、一部ではライフスタイルの見直しという言葉も耳にしますが、自分の生活の見直しを考える人は少ないのが現実です。人間は、一度良い思いや生活をしてしまうと、なかなか現状に合わせて生活を変えることは難しいからです。

このような成熟社会にあって、親は不況という経済問題だけでなく日本型の雇用形態も崩れだし、さらには、将来の年金制度も展望できず、国民にとって袋小路に入りつつある環境のなかで生活しているのです。そして、それは子どもにも影響を与えているのです。このような社会の動向にあって、文部科学省は、将来ある子どもの「生きる力」や「生き方」を育もうと学校教育に新しい政策を導入し始めました。しかし、何不自由なく食べられている子どもや生徒に、自己の「生き方」を考えようと指導しても果たして考えるものでしょうか。もちろん、頭で考えることはできても、自己の生き方について真剣に向き合うことをするでしょうか。それが、子どもの将来の基礎づくりについて一番考えなければならない、中学・高校の時期にある生徒たちの生活環境なのです。

①　モノ・カネ・情報の過剰な社会

子どもたちの生活環境をもう少し具体的に観察してみると、彼らの生活の現実は、不況とはいえモノやおカネ、情報が市場にあふれ、何が自分に必要なのかという選択にも苦悩する生活を、強いられていることも事実です。店には、次から次へと新しいモノが並べられ、それを購入するおカネが動いています。子どもの小遣いが足りなければ親が何とかし、時に自分でアルバイトをすれば、そのモノが手に入ってしまう現状なのです。ですから企業は、消費者のニーズを満たそうと躍起になって消費者が求めているものを調査し、それを宣伝して情報を流し販売力を高めようとしています。

この過剰ともいえるモノやおカネ、情報の氾濫する社会で子どもたちは大人と一緒に生活しているのです。そして、大人たちの使い捨てとも感じられる消費生活のなかに、子どもたちがおかれているのです。ある小学校低学年の教室での会話です。先生のおカネはどのようにして得られますかという問いに、ある児童は、「おカネは銀行にあります」と答えたそうです。先生の指導目的は、おカネはお父さんやお母さんが働いた結果、給料としてもらってくるものです。だからおカネは大切に使いましょうというのが、授業のねらいだったようです。こうした状況も、学校に通ってくる児童や生徒の生活環境なのです。

② 夢を追い、自分の顔の見えにくい社会

子どもには夢がなくなった、という報告を聴くことが多くなりました。果たしてそうでしょうか。子どもたちは、情報社会のなかで多くの出来事にふれ、あれもしたいこれもやってみたい、という意識を持っているのではないでしょうか。思春期の中学生や高校生は、自分に合った仕事を求めて葛藤しているのも事実です。むしろ夢が多くて、選択に苦しんでいるということはないでしょうか。わずか80年の人生です。一つの仕事を30年、40年続けるという意識は、若者の価値観の範疇にはないのではないでしょうか。

先日、教員採用試験を受けにきた優秀な学生が、最終面談の折に「私は、こちらで10年お世話になったら他の仕事に挑戦してみたい」という発言をし、採用する側はびっくりされたそうです。現代の若者の価値観からすれば、50代、60代の会社役員の意識のように、一つの会社に

一生を賭けるという考えは、もはや現代の学生には通じないかも知れません。テレビを観ていると、近年は日本からハーバード大学に留学する学生が少ないということが話題にされていました。グローバル社会になって、中学・高校時代に海外の研修体験が増えています。それなのに留学生は少なくなっているのです。

こうした事実を捉えて、日本の若者の挑戦力が弱まってきたというのは、どうでしょうか。確かに、若者のひ弱さを感じることはあると思いますが、学生は自分の大学で、海外からの留学生を相手に異文化理解の研修をしているという指摘もあります。多くの夢を追う若者にとっては、海外留学で時間を取られるよりも、若い時に多くの生活体験をしていろいろな顔やキャラクターを形成し、そのうえで多様な業種に関わりたいと考えても、合理性を重視する若者には決して不自然ではないと思うのです。

③　心の渇きを持つ不安定な社会

少子化の進行によって、子どもたちに人間関係を鍛錬する機会が少なくなってきていると思われます。家では、常に母親と一緒に生活しているのが現実です。とりわけ、高学歴の母親にとっては、子どもには少しでもよい生活をさせたいということは、子どもを持つ親として当然考えることです。自ずと、子どものためと称して勉強中心の生活になります。中学生の一番嫌いな母親の言葉は、「勉強しなさい」ということ、教員の皆さんにはよく理解できることだと思います。母親にとっては、子どもに美味しいものを食べさせ、ブランドの服を着せ、勉強についても塾や予備校、さらには家庭教師をつけて育てる。親から見たら子どもは充分満足していると思っているのですが、実際の子どもの心理は、「なぜもっと自分の思うようにさせてくれないのか」「自分を受け入れ、受け止めてくれないのか」、という意識を持っている子どもが多いことも事実です。

ある幼稚園の年長クラスの子どもの言葉です。保育士さんに「先生、甘えさせて！」と、先生に抱きついてきたそうです。こうした子どもは、決して例外ではないと思います。親や家庭で甘やかされていても、甘える機会を失している子どもは少なくないと思います。最近は、子どもを抱っこしないお母さんも増えていると聞きますから。

2　私学経営をめぐる課題

子どもが育っている環境やこれから巣立つ社会は、明日のことが読み難く不透明で、考え方や生き方も多様化している状況です。私立学校の将来のあり方についても、校長や管理職の先生はもちろん、私学に勤める教職員の皆さんが折にふれて考えていることだと思います。また教育現場では、「教員はある時は役者で、またある時は医者になり易者でなければならない」と、いろいろなところで言われます。児童・生徒を育てるためには、ある時はほめたりおだてたり、時にはしっかり叱ることを、また児童・生徒の誤りは毅然と正してやる。そして、子どもの抱いている将来の夢を、何とか叶えられるように支援してあげるということです。いまの時代は、子どもと寄り添いながら一緒に将来を考え、子どもの生きる力や生き方を育てる演出家としての役割が、親や教員にとって重要になっているのではないでしょうか。

子どもの教育は、一個の人間として社会で生きるための社会人としての力を身につけることが目的です。人間として未完成だから、社会で生きるために育てる必要があるのです。喜怒哀楽の生活体験をすることによって、感情をコントロールできる「豊かな人間性」を育んでやらなければなりません。また、人との関係でその間にあるいろいろなハードル、つまり人とのつき合い方や関わり方を鍛錬して、安定した人間関係と自己実現を育む「社会性」を身につけることです。従って、家庭は、子どもの人間性と社会性を育てる基本的な鍛錬の場になります。それを踏まえて学校でも、さらに高度な社会生活に必要な知識や体験をさせる、児童・生徒のできないことや分からないことに気づかせ社会人力を育てることが、教員の役割になるのではないでしょうか。

①　私立学校間の面倒見競争の時代に

私学を受験するご父母から求められることに、「私学の面倒見」があげられます。しかし、この面倒見の意味をしっかり理解する時代がきていると思います。親が真に求めなければならない面倒見は、子どもの「自律」です。現代の社会で言えば、不透明かつ多様な社会に耐えうる力を育み、将来自分一人で食べていけるということになると思います。そのためにも、子どもが社会に出る前に人間関係や社会性を鍛錬し、柔軟な姿勢と臨機応変な生活行動ができるように、生活体験をさせておくことが指導課題になると思います。

②　現場力を高めなければならない時代

現代社会が不確実な情勢にあることから、学校でも当然のことながら学校の主人公である生徒や、親の生活動向や意識を十分把握しておく必要があります。とくに、親の考えている面倒見と、生徒のための面倒見にギャップのある場合が多くなっていますから、現場での子どもの現実を把握しておかなければならない時代だと思います。

いま一人の人間が社会で自律するためのキーワードをあげると、例えば、忍耐力や持続力、自分のことは自分で生活コントロールできるようにという自律心、さらに、人との関わりについて言えば、表現力や協調性、判断力などの指導をしなければなりません。また、指導の難しい生徒や親の支援をするためには、常に指導の工夫や指導の創造をしていかなければならない時代です。ましてや、親は、自分の子どもにどのような指導をしてくれるかという視点で、学校や教員をみている個性化の時代なのですから、教員の組織化はどうしても必要になると思います。従って、教員が組織的にチーム力を高めて、多くの目で一人ひとりの生徒の観察をし、指導する時代になっていると思います。

③「社会のなかの学校」という運営感覚が必要な時代

「学校の常識は、社会の非常識」という言葉を耳にしたことはありませんか。長いこと教員生活をしてきた自分に照らしても心痛む言葉ですが、現実には否定できない言葉です。しかし、それは、学校が生徒を育て、夢を育む場であるという、学校という社会の特殊性も一因しているることではないでしょうか。学校での人間関係は、社会との接点が少なく、教員同士の関わり、先生と生徒の関わり、それに教員と保護者との関係、さらに、立場によっては業者との関係がありますが、とても狭い社会です。教員同士は、教科や学年、分掌という役割のなかで関わりますが、一定の年限が立つとその人間関係は終わってしまう場合もあるのです。

子どもと先生の関わりは、利害を越えた人間的ふれ合いを基本にできますが、教員は大人と子どもの関係で、常に教員が教える側です。しかも、問題の正解を出さなければならない立場にあります。さらに教員と保護者の関係については、感謝することはあっても、昔のように尊敬という意識はあまり感じられないのではないでしょうか。現代社会は、「尊敬」を生むための人間関係づくりが課題となってくるのです。とくに親の意識は、社会的な立場は違っても基本的には対等の意識ができています。そこに学校とは違って、人間関係の行動基準である常識が重要になってくるわけです。いままでの学校社会はともかく、これから保護者とともに子どもの社会人力を育てなければならない教員は、社会のなかの学校という認識を持って生徒や保護者、さらには業者と関わり、自らの社会性を高めていく必要があると思います。親目線に立って子どもの問題を考え、対応する関係づくりの必要な時代になっているのです。

3　学校教育に求められているもの

私立学校は、教員の支援や指導によって子どもが社会に巣立ち、人間として生活できるよう、子どもの能力を開発することがその役割であることは、いつの時代でも変わらぬ学校の不易の部分だと思います。しかし、人の社会生活は、時代によって変わります。現代は、工業化が進みサービス産業を中心に情報を中心とした、ＩＴ産業が主流の社会になっています。それに伴って、人間関係も、Face to Face よりも近くにいる人の間でもメールで意思表示をしたり、家の固定電話ではなく個人の携帯電話やスマホで情報交換をする時代になっています。従って、子どもたちの教育も、多様な社会や効率的な経済の動きを十分理解したうえで、自己を活かした生活ができるように育てなければならなくなります。

昔からよく、「一つ便利になると、一つ人間の機能が変化してくる」と言われますが、現代社会の人間関係のＩＴ化が、私たちの生活にも影響しています。他人には聞かれない携帯電話や手紙を書かずにメールでの情報交換の時代です。いま学校に求められている課題の一つが、効率性より社会の基本として必要な、人と関わるための人間関係力や社会人力になるわけです。人を育てる私立学校にとっては、当然、子どもの社会生活に欠けている社会で生きる力を身につけるために、社会の変化とともに子どもや保護者の観察をしっかりして、子どもに必要な指導ニーズに対応しなければなりません。そうでなければ、子どもをせっかく卒業させても、社会で自己主張できない子どもを送りだすことになってしまうからです。その指導内容の見極めこそ、教員や親の役割ということになると思います。

①「学歴」とともに、「人」が話題になる社会

高い学歴を持っている人が少ない時代には、その学歴が注目されます。しかし、今日のように大学全入時代になり、さらに多様化の時代に入って学校での学習内容に差がなくなってくると、社会で求める人材は、やはり「人」ということになります。しかもその人とは、いろいろな社会的分野で、現在の課題に対して何をしたらよいかに気づき、いまできることを考え行動できる、いわゆるリーダーシップを発揮できる社会人力を持った人と、その指導内容が注目されるのです。

②人間関係の多様さ、希薄さのなかでの「生きる力」を

ゆとり教育は、若者の生きる力を脆弱にしたと言われています。しかし、若者の社会生活に

必要な人間力や社会人力の弱まりは、授業時間の減少や授業内容の削減が主たる原因だといえるものでしょうか。授業時間を減らした分は自分で自学自習すればよいと言われますが、その学習習慣のついていない多くの子どもたちにとっては、無理難題のことだと思います。従って、その学習習慣をつけるのも学校の役割でなければならないからです。

生きる力が弱くなった理由は、むしろ、社会や経済の影響がもたらした家庭や学校生活の変化が、子どもの生きる力を脆弱にしているのではないかと思います。そして親や教員の子どもへ関わる意識の変化が、影響していると思います。例えば、生徒同士の関係、教員と生徒の関係に見られる、皆同じようにという生活観です。いままで理念ではなく、一人ひとりの子どもの持ち味を活かすという、子どもの能力を伸ばすための関わりが、親や教員にあったでしょうか。皆同じように生活し、大学に進学して大企業に勤め、経済的に豊かな生活をという意識が強く、子ども一人ひとりの生き方を考えるような指導はなかったのではないでしょうか。

③　子育て不安、「孤育て」状況での保護者支援を

子どもの社会人としての力が希薄になってきた問題の一つとして、保護者の変化もあげられると思います。経済的に豊かで安定した親に育てられた保護者は、いま、自分の子どもの育て

方に不安をいだいている人が少なくありません。反面教師は別として子育ては多くの場合、自分が育てられたように育てる傾向にあるのではないでしょうか。核家族のなかで、しかも少子化です。さらに、子どもの教育には、父親よりも母親の影響がとても大きい社会です。

その母親自体が人間力や社会人力を備えていなければ、当然、それは自分の子どもへの関わりに影響が出るのも自然の姿だと思います。お母さんがそのことに気づいてくれるかが、子育てにとって大事な課題になるわけですが、少子化と親同士のネットワークの少ない時代には、それはとても難しいことです。ですから学校がその支援・協力をしてあげる必要があると思うのです。詳細は後述しますが、これからの私学にとって大事なことは、家庭と学校の連携がどこまで高められるかだということです。

④　学校に問われている本物の学力

家庭や学校は、常に子どもの様子を見ていて指導の連携をすることが、これからの私学の役割になっていくと思いますが、躾は家庭の問題であり、学校は教科指導をする場だという考え方が話題になっていたことがあります。しかし、学校での教科指導を通して自己磨きをするためには、その鍛錬に耐えられるだけの生活力を日々の生活のなかで鍛錬し、習慣化することが求められていることです。

よく学習力に長けた子どもは、生活力も高いと言われます。子どもが社会へ出るためのトレーニングとして何かしようとする時に、それに取りかかり実践できるような力を培っておくことが、大事になるのではないでしょうか。子どもが何かをしようとする時に、よいセンスや能力を持っていても、それが長続きしないことがあります。そんな時に感じることは、生きる力や生き方を鍛錬しておくことの重要性です。

子どもを人として育てようという私学にとっては、いまこそ教科指導を高めるとともに、社会で通じる子どもの本物の学力指導を考える時だと思います。いままでも社会性を持った子どもがたくさん育っています。その子どもたちの多くは、家庭や学校生活で人と人との間にある、いろいろなハードルを乗り越える指導を受けた子どもではないでしょうか。このハードルは教科書には出てこない正解のない問題への対応であったり、ある時には答えのない問題への挑戦でもあったりするのです。そうした問題への取り組みは、やはり人と人との関係、人との生活体験のなかで鍛えられるもので、その積み重ねこそ不透明で多様な生活や生き方に耐えられる人育てになるのです。それが、私学として目を向けなければならない現代的な課題であり、私学の原点を問うことだと思います。

4　社会の変化とともに私学も変わって

教員採用の募集をしても応募者が減少しています。最近の若者の教職離れが、教育現場では、深刻な問題になっています。その原因は、いろいろあるでしょうが、一つには、社会の急速な変化に対応した教育現場での指導の「硬直化」ということが考えられます。若い教員だけでなく、受験生のご家庭にも受け止められる私学を再考する時が来ていると思います。

多様な価値観を持つ親や子どもへの対応は、従来の教員養成や指導方法では、指導が行き届きません。次世代に生きる子どもを預かる私学は、社会の変化に伴って親や子どもが変わってきたことに気づき、指導の先取りをして柔軟に対応していかなければならない状況です。

子どもが生活するこれからの社会は、難関大学を出て大企業に正社員として就職し、同じ会社に長年勤めて定年を迎えられる社会ではなくなりつつあります。大学を卒業して就職しても、非正規社員が多くなっています。会社の経営上の問題で途中退職を余儀なくされることもあります。すでに若者のなかには、転職の可能性を考えて複業・副業をと、いまから自己のライフスタイルを考えだしている人も少なくありません。若い時から自己の興味や関心事を磨いて、将来のキャリアを考えだしています。

女性の場合も、能力があって働きたくても、現状はパートや派遣社員で働かざるを得ない状況があります。従来のように、結婚したら家庭に入って専業主婦に、という余裕もなくなってきました。もはや仕事か結婚かの選択ではなく、家庭の状況を考えて「仕事も家庭も」の時代になりつつあります。子どもの保育園・幼稚園や小学校の放課後の預かり保育や小学校のアフタースクールが社会問題になっている状況です。

こうした社会生活と働き方が変化している状況で、子どもを預かる私学は、従来の指導でよいのでしょうか。私学の学校案内や学校説明会でも、生徒の指導目標がどれだけ叶ったかということよりも、難関大学や有名大学にどれだけ合格したか、合格させたかという評価を重視している私学は、いまだに少なくありません。生徒は、大学に入学した後、元気に自己実現しているでしょうか。社会での職場の人材受け入れは、多様化し変化しています。私学は、進路指導についての意識の転換も必要な時代です。不確実な社会の指導に、正解はありませんが、私学の課題は、生徒が学校を出たあと社会に受け入れられるよう、一人の人間として自分らしく生活していかれる指導が求められています。

そのためにも私学は、子どもの特性や興味・関心事を育て、それを実現するための課題を乗り越える人間力を育て、人生１００年を生きるための土台づくりを提供しなければならない時代だと思います。私学は、社会の後継者を育てる公的な教育機関です。いままでの私学の意識のような、預かった子どもを難関大学に合格させるだけではなく、子ども一人ひとりが社会に出て自己の強みを活かし、元気に社会生活ができるよう子どもの人間開発の指導・支援することこそ、私学本来のニーズであり私学の在り方だと思います。私学は本来の在り方を再考し、多様化している子どもの指導の個性化と子どもの評価の柔軟性を考える時期です。

① 社会を大きく変えた高度経済成長期

世界で、すさまじいほどの高度経済成長をした時期は、物質的な面で日本人の多くが豊かになり、また学校教育も、子どもたちが平等に同じ指導を受けて少しでも平均値が上がるように育てられてきました。教員は、特別な能力を持った生徒の指導よりも、どちらかというと中間層にいる生徒の指導に重点を置いて、「平均点」に注目した指導に力を入れてきました。その結果、日本の子どもたちへの教育力は、とても高い水準に引き上げられたと思います。

しかし、高度成長にも問題がありました。１９９０年代から２０００年にかけてバブル経済がはじけた頃から、中間層の親の生活に変化が見られ、専業主婦であった多くのお母さんがパートに出たりアルバイトを始めて、親の子どもへの関わりが変わってきたのです。

つまり、子どもの社会的要素が欠け始めたのです。幼稚園や保育園に入園してくる子どもは、自分のことが自分でできないとか、自分で考えずにあきらめやすく粘りのない子どもの増加。甘やかされているが、甘えたいところがある子ども。良い子ぶっているが内面は、孤独でひ弱さ（心の不安）を持っている子ども。周囲に無関心でやる気や生活意欲に欠ける子どもが多くなってきたという声が、教育現場から聞こえてきたのです。子どものモチベーションや人間関係、社会性に問題が出てきたのです。学校現場では、現在でも忍耐力や我慢のできない小学生、生活面や学習面の意欲に欠け、何のために勉強するのかわからない無気力な中学生が増えています。すぐに手を出してけんかやいじめに発展してしまう問題やコミュニケーションが思うようにいかず、人間関係がうまくいかない孤立した子どもの問題が増加してきて、預かった子どもの指導に悩んでいる教育現場も少なくないのです。

②　中間層の親の生活の変化と指導の工夫

私学のなかには、親の生活の変化に対応して、指導の先取りを始めている学校も見られます。そこで、その工夫の一例をあげてみましょう。

私学は、自校の指導理念と指導技術を持って子どものモチベーションと社会性を育て、子どもを社会へ送り出すのが役割です。まず、授業での教科指導についてですが、教材は、自己の生活に活かせるよう知識を理解させ、子どもを引きつける教材を用意することを課題としています。また、学校生活では体験を重視し、その体験を経験に高められるよういろいろな場面での実践力をつけ、生活に必要な知恵を学ばせる関わりを重視しています。教員と生徒や生徒同士が、自校の教育方針に基づいてお互いに学び合いをし、社会人としての人間力を高める指導を始めているのです。

さらに、子どもの人間力、すなわち、気づく力や考える力を育てることは、子どもにとって重要なことになります。戦後少しずつ脆弱になってきた集団での協調性、異年齢での学び合い、様々な生活場面でのお互いの人間関係づくりや目配り・気配り、自ら気づき考える力、一緒に生活するための気遣いを学校の指導に取り入れていることは、現代の社会状況で子どもを育てるうえで画期的なことと言えます。とりわけ、こうした指導は、子どもだけでなく保護者を巻き込んだ学校側の姿勢が、子どもを育てる私学にとっては、有効な指導になっているように思います。

お気づきだと思いますが、自ら「気づく力」や「考える力」を磨き習慣化することは、子どもの生活の主体的な行動を育てることにつながります。少子化で、親に手を貸してもらい親の言われるように失敗のない生活態度を指示され、与えられている生活をしている子どもにとっては、水を得た魚のような生活になるのです。

こうした子どもは、自分のことは自分で考え、思うようにいかなければ教員や友だちから助言を受けて日常生活を送りますから、生きる力が強くなります。うまくいけば、感動を得、うまくいかなければ、どうしたらうまくいくのかを学ぶ生活ができるような関係性を育てているのです。人間の生活は、うまくいかないことの方が多いものですから、学校での教員や友だちとの人間関係づくりの支援は、子どもに自信をつけることになります。そして、それは、各教科の学習にも良い影響が出てくるのです。

③　私学も指導目的の見える化を

学校での指導目標には、教科指導・学級指導・生活指導・学校行事の指導・クラブ活動などがあります。私学では、これらの目標は、学校の特徴に応じて重点を置き、子どもを育てています。しかし、究極の目的は、子どもに社会で生きられる力を学ばせ、子どもが学校で培った力を活かして社会生活ができるように育てることが重要になります。「何のために学校へ行くのか」、「学校は、子どもにどのような指導をしてくれるのか」ということが話題になっている社会状況です。私学は、自校の指導理念と指導方法を通して、一人ひとりの子どもを社会生活に通じる人間としてどのように育てるかということを、親や社会に発信する必要がある時代です。それが、私学の指導の見える化をすることです。

例えば、教科指導についていえば、社会では、相手の意見をよく聴いて自分の考えを表現することができるようになることが大切です。そこで、物事の理解や表現するために国語科の材料として、社会科や理科など他の教科の学習内容が必要になるのです。従って、各教科の授業は、明日のための生活をするための生きた教材を提供することに視点を当てる必要があります。美術や音楽などの芸術の授業は、人間としてのゆとりや教養として感性を磨く時間でもあるわけです。最近話題になっているグローバル教育で行われている語学は、国際社会での異文化理解、人的交流をするための道具として学んでおかなければならない教科になるのです。英語が使えても、話す内容や方法を理解していなければ、人間同士のコミュニケーションにならないからです。

また、学級活動については、クラスは、小さな社会ですから他者の人格と生活を尊重し、そこで楽しく生活できるように、お互いの意見や考えをすり合わせる学びの場にすることです。この問題は、とかく、多様化した価値観を持って生活している子どもにとっては、お互いを尊重するにしても自己表現をするにしても、重要な学習の場になると思います。担任の先生の意識次第で、学級の生活が変わってきますから、担任は、学級活動の目的、意味をしっかり認識しておく必要があります。集団は、自然にはできません。集団はその集団の仲間がつくるものですから、担任は子どもの実態をよく把握して、集団づくりの仕掛けをする必要があります。

学校の行事についても、校種が下へ行けば行くほど教員の気遣いが増しますが、最近、行事が多く、内容が「イベント」になりつつある、という意見が多く聞かれます。そのためか、行事の見直しが始まっている私学が増えてきました。いままで、社会の風潮に乗って行事が多くなり、自校の特徴とか個性が薄れてきたようにも感じられます。

行事には、行事という体験を通してそれぞれ学ぶ目的があります。「何のための行事なのか」、「誰とどのように展開するのか」、「時間と費用はどうするのか」など、発達年齢に応じて子どもに行事の目的をはっきり認識させて体験させようということです。行事の見直しを始めた学校は、行事の原点に返って子どもを活かすための見直しをしようとしているのです。子どもの生活には、知識の獲得だけでなく、物事の準備や段取りという小さな目標実現の体験や、振返りも大切なのです。それが協力者との人間関係を学び、さらに自己の人間力を高めることにもなるのです。

同じことは、クラブ活動にも言えることです。自分の興味・関心でいろいろなスポーツや文化活動に参画して、身体を動かし技術を学び楽しい学校生活を送ることも思春期の課題になります。自分の好きな興味のあるクラブ活動を通して、自己を知ることも大切なことなのです。課外活動とはいえ、クラブ活動が学校教育に組み込まれている理由がそこにあるのです。それは、生徒が自ら実践する主体性や積極性、思うようにいかない時の忍耐力、一人では思うようにいかない場合の協力や実現できた時の仲間と味わう喜びと感謝、結果として人間関係や社会人力を磨く機会となっているのです。

クラブ活動は、自分の得意な能力、あるいは自己の弱点を知って、自己を確立することも目的の一つです。自分の強みを活かして自信を持つようになれば、クラブ活動の目的は達せられたことになるのではないでしょうか。

また、スポーツのクラブに多い上手な選手の養成についてです。クラブの活動は、プロを育てることが目的ではありません。どんなに優秀な才能を持っていても、プロになる人は、ほんの一握りです。最近は、指導上でトラブルになるケースが減ってきましたが、それは、指導者がクラブ活動の目的を理解し始めた結果だと思います。

そして、いろいろな指導者が発言し始めていますが、時間をかければうまくなるという考え方も、少しずつ変わってきているように思います。生徒自身に時間の使い方を考えさせ、練習の目的と集中力に気づかせる指導をしているクラブ活動も増えていることに注目したいものです。この問題は、教員の働き方改革とも関連してきますが、クラブ活動の原点を見直し、教員の指導上の負担を考え直すことにもつながると思います。

ラグビーの世界選手権が日本で行われました。令和元年の流行語に「ONE TEAM」（ワンチーム）が選ばれました。まさにクラブ活動の意味を表現していると思います。ワンチームは、みんなが同じことをするのではありません。チームの一人ひとりが自己の役割を果たして組織の成果を出しているのです。まずは、控えの選手の支援。そして、フィールドに立った選手のそれぞれの役割、それをキャプテンや選手はもちろん、監督（コーチ）がグループの葛藤を超えて、勝負に臨んでいる姿こそ、クラブ活動が手本とすべきことだと思います。ワンチームは、自然にできた集団ではありません。チームの戦略と一人ひとりのメンバーの努力によってつくられた集団なのです。

第2章

私学は、もっと人間育成に力を

1　企業とは異なる学校文化

学校は、社会のなかの組織の一つです。しかも、学校で育てられた子どもは、その社会に巣立ちそれまで育んだ学力を基礎にして社会への役割を果たしながら、自己の生活を営むわけです。従って、子どもとの関わりについての学校運営も、社会のルールやマナーを無視するわけにはいきません。社会で円滑な人間関係が営めるように、子どもの支援・指導をしなければなりません。

ところがいま、学校の発展と称して、企業論理が取り入れられているように感じます。例えば、市場原理の典型でもある学校偏差値や、子どもの成績順位に象徴される「競争原理」です。子どもの力の「優劣」ではなく、一人ひとりの子どもの違いを尊重した指導をする必要があります。競争原理に偏った考え方は、強いものを育て弱いものを排除していく論理であり、学校のなかに格差を生む原因にもなります。教育の目的は、人を育てることです。一人ひとりが潜在的に持っている能力を見つけ、伸ばすことです。つまり、子どもが持っている可能性を伸ばすことが、教員や学校の役割ではないでしょうか。

この傾向は、「教員免許更新制」の問題にも表れています。いわゆる、問題のある教員を排除するために起こってきた制度のようですが、該当しそうな教員だけでなくすべての教員に課せられることになってしまいました。この更新制によって、教員すべてに時間と費用を負担させ、さらに児童・生徒への指導時間を削減するという結果を引き起こしているのです。同じく、教員の指導上の「評価」の問題です。人を育てる指導に、正解のある画一的な方法があるでしょうか。

ましてや、その評価が昇進や給料に影響が出るとなるとなおさら問題です。相手は生身の人間です。ある時は叱り、ある時はほめて、過保護になったり突き放したりのバランスが必要です。これといったベストな指導方法はありません。結局、この制度も扱い方によっては、「評価のための評価」になったり、教員格差を生む原因になるのではと危惧されているのです。学校での評価は、その評価の資料によって、どのように成長できるかという視点を重視する必要があります。

学校は、企業とは異なりますが、学校で育てられている子どもは、やがて社会に育っていきます。そこで、社会に出た時に自分が持っている個性を活かせるよう努力させておかなければならないと思います。いわゆる、他者と違う子どもの能力を磨いておく指導です。学校は、企業とは異なりますが、多様化社会に生きる子どもの生活を守るために、子どもが学校にいる間に社会で必要な知識と足りない知識を調べる方法を学ばせておくことが、学校の役割になってきているのです。これまで学校という場は、社会生活に必要な知識や原理・原則を教えるという、特別な環境という風潮がありました。

しかし、今日は流動性の激しい社会状況になってきましたから、学校の学びだけで将来の社会で生きるには厳しい状況になってきています。子どもにとっては、常に、社会状況に目を向けて社会という場で自己をどう活かして生きていくかを考え、自己に必要な情報を選択して生活することを余儀なくされているのです。最近、文部科学省や経済産業省などから「考える力や判断する力、表現力」を、学校での学びとして強化するように指導されている所以《ゆえん》だと思います。

そこで、学校は、社会のなかの学びの場として、社会の動向に眼を向けている必要が出てきています。社会の変化が激しくなればなるほど基礎的な学びとともに、子どもの眼を社会や自然、価値観の多様化している他者に熱い眼差しを向けさせることも学校、とくに、これからの私学の課題になると思います。

①　子どもも教員も人間的成長を

企業は、市場原理に基いて利益をあげることが目的です。サービスやモノづくりには、合理的、効率的に活動すれば成果（利潤）は上がります。しかし、学校は、子どもを育てるための人の集まりです。子どもを育てるということは、子どもの意識や生活を変えることではないでしょうか。そのためには、人の手間と暇がかかります。先生の話を聞いて、新しい気づきがあった。授業を受けて関心をもった課題をさらに勉強してみようということに気づいた。クラブ活動や学校行事の体験の結果、自己の持ち味や特性が分かった。というように、学校教育は子どもの能力の開発、啓発が目的であるわけです。その過程は、とても時間のかかることであり、体系的な学びが必要になるのです。だからこそ、こうした子どもの変化に影響を与えた見返りとして、教員は子どもから感謝という報酬をもらうのだと思います。子どもは、教員からも育てられるし、また、仲間や先輩からも育てられているのです。

うちの子どもに合わない友だちがクラスにいるから他のクラスに変えて、という保護者の話をよく耳にしますが、それは、学校という場の意味、教育の目的を理解していないための話になると思います。そのような時にこそ、子どもを預かる教員は何とかして子ども同士の円満なふれ合いや交流ができるように、子どもの人間関係づくりの支援・指導をする必要があるのではないでしょうか。その指導こそ、ホームルームであったり、人間関係を豊かに営むための助けになる教科学習の学びの意味であったり、学校行事を行う意味なのです。

学校は、常に、いろいろな児童や生徒が円満な人間関係づくりができるように指導し、人は人に支えられて生きるということを理解させる必要があるのです。人間関係が円滑にいくと、教科学習の成果も学校行事やクラブ活動の成果も上がるということは、すでに先生方も認識していることだと思います。しかし現代人は、多様な考えを持ちそれぞれの生き方をしていますから、人と人との関係はますます難しくなってきています。子ども同士や教員同士、生徒と教員の関係についても同じことが言えると思います。これからは、その関わりが円滑に行くように、日常生活を通して育てることこそ、教育現場の抱える基本になると思います。

② 子どもの啓発こそ私学の役割

入学式を終えたあとに小学校の教室で担任の先生が、子どもたちに学校で何をしたいですか、と質問すると、子どもの多くは「勉強したいです」とか、「たくさんお友だちをつくって遊びたいです」と答えます。子どもは学校の生活を通して、わからないことや新しいことに関心を向け、より豊かな生活ができるように知識や情報の習得が始まるわけです。お友だちが欲しいという子どもも、言葉や行動の行き違いや誤解を乗り越えて友だちづくりに励み、円滑な人間関係づくりに精を出します。知識を習得することに関心を持った子どもは、ますます学習意欲を高めていきます。

学校、とりわけ私学は、自校の建学の精神や教育方針に賛同してくれた児童・生徒や保護者を受け入れているため、在籍する子どもは比較的似たもの同士の集団になります。その集団のなかで、日々の生活を通して子どもたちは、豊かな人間として自己実現できるように成長していかなければならないのです。つまり、子どもが教員の働きかけ、時に教員の演出によって、あるいは易者や医者、役者が行うようなパフォーマンスによって、子どもの潜在的な能力を発揮できるよう啓発することが私学の現代的役割なのです。

③　子ども・親・教員の現在の把握を

子どもの啓発のためには、子どもの様子についてよく理解し、そのうえで教員が対応しなければならないと思います。そこでまず、子どもの実態についてふれておきたいと思います。子どもは、将来自立し社会の一員として社会生活を営まなければなりません。現在、ゆとり世代の若者が、大学を終えて社会に出る段階になっても、その大人社会に受け入れられず、いろいろな課題が生じて社会問題になっています。しかし、若者の弁護をするわけではありませんが、こうした若者の実態は、若者が児童や生徒として育った社会や、子どもを育ててきた教員や家庭の親の関わり方が、子どもの発達に影響していると思うのです。

学校では、よく担任が替わると児童・生徒の生活が変わるということが言われます。なぜ、担任が替わると子どもの生活が変わるのでしょうか。それは、替わった担任は子どもに足りないことや必要なことに気づいて、指導するからではないでしょうか。ゆとり世代として育てられた若者のなかにも、彼らへの関わり方次第で、しっかりと社会に受け止められ活躍している若者もいるのですから。その彼らの多くは、分かる授業を受け、その授業を受ける意味を指導され、さらに学び方や継続する力の習慣化の指導を受けた人なのです。そのうえで、人間性や社会人力を育てる関わりがきちんと指導されているのです。

次に、親の実態についてです。現代の親の特徴は、子どもが第一という親も少なくありませんが、最近は、自分たちも生活をエンジョイし自分の人生も楽しみたい。同時に、少ない子どもに手をかけ、自分たち以上に幸せになってもらいたい、という考えの親も多くなっています。しかし、親自身が不透明で先行きの見えない社会状況のなかで、どのように生きることが幸せになるのか、いままでのような幸せのモデルが見つからずに、心に不安を抱きながら生活を送っているのも現実です。親自身の生き方の不安は、当然、わが子をどのように育てたら子どもが幸せになるのかという展望も難しく、結局、経済的安定を求めがちになるのです。そのために、まず子どもを難関大学に入れ、大企業への就職という意識にかられて子育てをしている親が増えているのが現状なのです。いままでの価値観が崩れ、先のことが分からない不透明な社会状況ですから、親が子どもにどのような支援をしたらよいかがわからないのは、当然のことです。自己の生活目標が定まらず、はっきりした羅針盤がない不安のなかで、親は子どもを育てているのです。教員自身の生き方のための自己研鑽と親の支援を担わなければならない時代になっているのです。

教員についても同様なことが言えると思います。教職への志望動機に共通してみられることは、「将来、子どもをより豊かな生活ができるように育てたい」と、教育への魅力を抱いて先生になるのですが、果たして、「豊かな生活」とはどのような生活なのか、そのモデルもないところで自分自身の生活に悩んでいる若い教員も多いのです。さらに、子どもの意識が変わってきて先生の話を聞いてくれない。せっかく教員になっても生徒指導や教科指導が子どもに通じない、と悩んでいる教員は少なくないのです。とりわけ、小１プロブレムや中学・高校入学時に問題になる新しい学校生活になじまない生徒の指導が、うまくできないと苦悩している教員が増えてきています。とくに、若い教員のなかには、子どもとの関わりで悩みを抱いていて、どのように子どもと接したらよいか不安を抱えたまま指導をしているという、現場からの声が聞こえてくるのです。

こうした教員の実態は、子どもの人間性の指導や社会人として育てるための力を育むうえにも、影響が出ていると思います。よく先生方から生徒のコミュニケーション能力が低下しているとか、あるいは、生徒の社会性が低下してきたこと、さらに教科でいえば、計算力や語彙力、自己表現する力が不足してきたということを耳にしますが、それは子どもが育つ社会的環境、すなわち、家庭の親や学校の教員の関わり方が、背景にあるということがいえると思います。現に、教員になっても指導の自信を失い、教職経験3、4年で転職という教員のいる事実も学校現場にみられます。前述したように、子どもや親の意識が変わってきている時代です。指導する相手が変わってきたら、その変化に応じた指導方法を事前に研修しておかなければならないのですが、いままで以上に、生徒との人間関係づくりに精を出さなければならないという意識を持つ教員がどれだけいるでしょうか。これからは、教員になるまでの自己体験と教職の現場の実態を知って、自己研修することが課題だと思いますが、同時に、教育現場を踏まえた大学での教職課程の見直しも必要ではないでしょうか。最近とくに、大学での教職の学びと教育現場の乖離を感じるからです。

2　私学は「建学の精神」の再考を

私学には、それぞれの学校に「建学の精神」があります。親や子どもは、その校風や教育方針を理解して受験をし、私学に入学するのです。子どもの発達にとって大切なことは、教科を中心とした授業もさることながら、子どもをどのように育てようとしているか、教員と生徒との関わりです。学校の特色は、教員の現場での生徒への関わり方に一番表れるのです。その関わり方が、その学校で生活する教員や生徒の学校の環境であったり、雰囲気として表れるのです。

例えば、進学校を目指している学校は、進学率を高める教育を、人育てを目的として子どもを預かっている学校は、社会性や行動力を高める関わりを中心に生活指導をしています。また、勉強とクラブ活動をバランスよく学習させて、社会のリーダーを育てようという学校は、「文武両道」の指導を、技術や資格、あるいはグローバル化のための対応に力を入れようとしている学校は、英語力や文化・スポーツの学習に力を入れて指導していると思います。いずれの学校も、建学の精神に基いた教育を実践しているのです。

① 同質化した私学の存在からの脱皮

多様な教育方針を持っているのが私学の特徴なのですが、現実は、どこの私学も似たような指導内容になりつつあります。それは、塾が私学に対して偏差値をつけ、志願者の学校選択をその偏差値で輪切りにして、親の選択に助言を加えようとしていること、さらに、社会の学校評価が大学合格の割合で判断される傾向があるものですから、結局、進学実績をあげるための指導（進学校化傾向）へと、片寄った関わりをしている私学が増えてきているのではないでしょうか。さらに、最近の私学の同質化傾向には、子どもの減少と関連して男女共学校化の傾向が、強くなっているのが現状です。とりわけ、女子校の男女共学校化が多くなっていますが、共学化のためには、男子と女子の考え方の違いを認識して共学化を図る必要があると思います。そうした準備をせずに実施した共学校の場合は、共学化に対する親の質問や、共学化にした意味を問われて困惑している私学も少なくないのが現実なのです。

社会が多様化し、先のことが見え難くなっている状況で、人の生き方も多様化し始めています。とりわけ、人の生き方に影響力を持つ思春期の子どもを預かる私学は、創設者の建学の精神を再考し多様な子どもの生き方を支援する教育方針を、受験生にアピールする必要があると思います。世の中すべての人が、生きるための羅針盤を求める社会状況で、とりわけ、自己不安や生き方が動揺している思春期の子どもや保護者にとって、「建学の精神」が自律の支えにならなければならないと思います。なおさら私学の役割は大きくなっていると思います。そして、私学にとっていま大事なことは、預かった子どもをどのように育てるか、子どもをどのように支えられるかということが問われていると思います、成長のための指導内容が課題になるのです。

②　思春期の人育てこそ、私学の課題

前述のように、人の生き方に影響力を持つ時期は、思春期であるともいえます。それだけ自己との葛藤の多い時期だからです。ゆとり世代の若者にとっても、やはり思春期の指導内容が大きく影響し、社会へ出るための葛藤をしているのです。自分が変わったのは、中学時代であるとか、高校時代の先生や友人の関わりがあったからだ、という若者は少なくありません。この時期が子どもにとって多感な時期で、教員や保護者の影響力は大きいということでしょう。さらに、現在の大学生の約４割の学生がＡＯ入試や推薦で大学に進学している状況を考えると、

この時期を教科の勉強だけで過ごすのではなく、人として社会に通じる関わりをしておく必要があると思います。「人育ての学校」としての私学は、その基本となる「建学の精神」に基く指導を、もう一度教員と保護者で共有する必要があると思います。

3 「人を育てる私学の指導」の情報公開を

① 保護者のための私学の情報共有

保護者は、情報社会のなかで子どもを私学に預けています。保護者のなかには、学校の情報は入学したあとより入学前の方が多かったという親が、少なくありません。もちろん、学校によって異なりますが、入学後の保護者会の在り方を工夫する必要のある私学も多いと思います。保護者会の内容を見ると、試験後の成績懇談会、学校行事の前後に行事のスケジュール説明、高校の部では、単位の取り方や進級制度などの説明が、従来から行われている一般的な保護者会の内容です。しかし、現代の親が求めていることは、少し違ってきているように思います。親の知りたいことを少しまとめてみましょう。例えば、

・学校の指導を受けていたら、将来の社会とどのようにつながるのか。
・子どもが何をしたらよいかを考える力が身についているのか。
・子ども自身で判断し、選択するための振り返りができているか。
・不透明な社会に生きるための選択（決断）能力が身についているのか。
・子どもの特長・持ち味（強み）を探求し育てる環境が学校のどこにあるのか。
・予習や復習をしていないが、勉強についていかれるのか。
・中間層にいる子どもの指導、支援はどのようになっているのか。
・子どもは、学校へ行っているが何も話してくれない。

これらの項目のなかには、家庭での関わり方の問題も少なくありませんが、親の意識としては、入学前の学校説明会で学校案内された、「学校に預ければよく育ちますよ」ということが頭に強く残っているようです。そのため入学後のミスマッチという声も増えつつあるのが現状です。あれもこれもの指導を話して、募集のための説明会を開いている私学が多くみられるのも事実です。経済的に不況社会が続き、ましてや不透明な社会生活をしている保護者にとっては、入学前よりも、むしろ入学後の学校の指導の意味を知りたいという声が、親の本音のようです。

人育ては、頭で考えるようにはいきませんが、せめて、指導の見通しは保護者に知らせ、理解を得るべき状況だと思います。そのためにも、学校での子どもの生活を教職員全体でしっかり観察すること、それが担任一人で子どもを預かるのではなく、学校全体で子どもを預かることになるのだと思います。

それが、保護者にとってとても安心できることになるのではないでしょうか。

② クラス担任のための「教員と保護者の指導の共有」

子どもの観察というと、子どもはみんな同じように考えられますが、多様化した社会の子どもは、従来のように一様ではありません。親の育て方が異なりますから、一人ひとり異なる考えや行動をします。例えば、親が手をかけ何でもやってくれる子どもは、なかなか自分のことを自分でできません。一人っ子が少なくありませんから、友だちは欲しいのですが、友だちづくりができません。自己主張が強くけんかになりがちです。親の指示が強くなるため、自分で考え行動する勇気が育っておらず、失敗を恐れる傾向にもなります。つまり、生活意欲や人間関係づくりが脆弱な子どもが幼稚園や小学校に増えてくるのです。

そこで、私学としては、クラス担任に指導（方法）を任せておく時代ではなくなるのです。一部のクラスの指導がうまくいっても、他のクラスの指導がうまくいっていなければ、クラス格差ができて保護者には満足してもらえません。私学は、学校格差をつくっても、学年やクラスの格差をつくってはいけないということです。保護者は、クラスや学年に子どもを預けているのではなく、学校に預けているという意識を持っています。

そこで、クラス担任のための教員と保護者との指導の共有内容についてもまとめてみます。

・教員集団（担任団・教科担当）による子どもの観察と情報を共有して、対応できるようにしておく。
・子どもに気づき考える環境をつくり、子どもの主体性を育てること。
・知識と経験を持っている先輩教員と若手の教員による学び合いができる雰囲気づくりをする。
・若い教員のセンスと新しい技術を教育活動に取り入れ、先輩教員との融合を図る。
・学年会を通じて、各学年に出ている教員の情報共有と学びをする。
・子どものキャリア支援につながる指導が必要。

・以上の学内の指導体制を保護者会で情報交換して指導の理解を得る。

③ 中間層の生徒（普通の子ども）へ目を向けて

経済的な面で中間層の親の生活が、大きく変化してきていることについては前述しました。ここでは、そうした家庭の子どもたちの生活や意識の変化と学校生活での影響についてまとめておきます。

日本の教育は、分かることがどれだけ増えたかというよりも、できるだけ100点が取れるようにと、とかく平均点が重視されてきました。その結果、子どもへの教育力は向上しましたが、子どもや親は、分からないことが分かるようになったという意識は、薄くなっていると思います。平均点に達していれば納得、という学習状態が多くみられるようになっているのです。ところが、親の経済力の影響を受けて、親の子どもの生活への関わりが変化しているのです。勉強は、学校任せになってきているということです。子どもの生活は、母親が仕事に出るケースが多くなり、家庭ではゲームやスマホなど楽しむものの増加など、子どもの生活の変化が起こってきたのです。その結果、家庭での親の躾や関わりなど、コミュニケーションの時間の減少とも関連して、子どもは、学校中心の生活になりつつあるのです。その結果、学習時間の減少と、学習内容の理解力の低下という問題が出てきたのです。

とくに、学校での中間層の生徒への関わりについて、授業内容の定着度が下がってくるという形で、教員は気づき始めていたと思います。しかし、成績会議の話題は、上位と下位の生徒の成績一覧会議で、中間層の生徒の分析や対応は、少ないと思います。もちろん、学校によっては、対症療法的な対応で、点数がとくに悪く授業内容を理解していない子どもへの対応が補習として行われてきました。成績の悪い子の勉強会です。一方、成績上位の子どもには、親からの要望もあって、特別メニューで講習が行われてきたというのが実情で、中間層の子どもへの抜本的な対応をする学校は、少なかったと思います。現在、やっと、子どもに合わせた『習熟度別学習』という言葉が一般的に使われ出し、日常の授業や長期の休暇でも、すべての子どもの力を伸ばそうという意識が生まれてきていると思います。この問題は、ルールやマナーなどの生活指導についても、未だに対症療法的に指導している学校は、少なくありません。

そこで、中間層の子どもへの指導目標と方法をまとめておきます。

・目的意識を共有すること。中間層の子どもも、自分の満足いく学校生活をしたいと思っていますが、なかなかそのイメージと方法が分からないでストレスを抱えているのです。点数がうまく取れない子どもに聴くと、モチベーションが上がらない、勉強の方法が分からない。さらに、やる気はあるが長く続かないという声が多く聴かれます。そこで、まず、将来の生活の土台としての基礎づくりの支援です。とくに、生活習慣が大切になります。そのうえで、目標意識を生徒と一緒に考えることです。なぜ、これをやるのか、学ぶのか、学校へ来るのかを考えることが重要で、生徒のモチベーションを高めることです。

・実現可能な目標の計画をたてる。目的を実現するために、まず、小さな目標を計画し、子どもに達成感を味わわせることです。できるだけできそうなことを目標にして、目標を立てたらそれを実現するための過程（プロセス）を丁寧に段取りをすること。小さな目標を実現して達成感を繰り返すと自信が育ちます。そして、段階的に小さな目標から大きな目標へ進むことです。中間層の子どもが中間層にいる理由の一つに、生活習慣の問題と自己の生活に自信を持てないという要素がありますから、子どもが誰かに支えられているという自己認識が重要になります。

・まずは、できることから行動すること。中間層の子どもの意識は、自信がないという思いと自分ではできないというメンタルの面の影響が大きいと思います。子どもは、教員に支えられて行動しているうちに、少しずつモチベーションが上がってくると思います。

・目標は、柔軟性を持って設定すること。目的は、人を育てると言われています。目標を持つと、人の心を強くしてくれるものです。
・目標は、叶えられる、できると信じさせること。中間層の子どもは、自分は「できない生徒だ」と思い込んでいるところがありますから、子どもに「できる」と信じさせることが必要です。できると自己に言い聴かせなければ、できることもできません。周囲にいる人が、その気になって子どもの意欲を高めることが重要です。
・子どもの評価は、子どもの目標（発達段階）に応じた絶対評価をして、他の子どもと比較をしないこと。子どもの発達は、一人ひとり理解力も伸び方も異なるからです。ましてや、これからの社会は、一人ひとりの個性、強みを活かして生きる時代ですから、その子らしさを大切にして育てることが必要になるのです。

第3章　子どもを啓発するための学校運営を

1　校長・管理職の役割

私学の課題は、まず人づくりです。しかも社会に通じる人づくりです。教科指導を通して、社会で必要な知識を学ばせなければなりません。子どもに関心のある知識だけでなく、現代社会に生きるうえで必要な知識を学習させ、さらにその学習は自分で学ぶことができるように、自学自習の習慣を身につける指導も必要です。同時に私学は、子どもが社会的自律を実現する学力、すなわち、ゆとり世代に学習の行き届かなかったコミュニケーションに基いた人間力や社会人力を指導の基本において、人育てをする指導内容を検討する必要があると思います。その検討が管理職である校長、教頭のリーダーシップの下につくられる教育目標なのです。まずリーダーとしての校長は、社会変化の加速化のなかでのリーダーであることの認識が必要になると思います。とくに、親の世代は、個人の欲求を中心に生活がなされているということ、それは言い換えれば、価値観の多様化・生活様式の多様な行動基準のもとに生活しているということです。

しかも、子どものいる家庭基盤は、核家族で少子化の時代ですから、こうした状況のなかで子どもを預かるわけです。学校は、子どもの育っている家庭や社会の背景をしっかり把握して、生徒や保護者への関わりをする必要があります。

家庭や親の意識が多様化し、人の生き方が複雑な社会になっていますから、学校の運営についても、社会の状況と学校現場の把握が重要な時代だと思います。いままで、とかく学校というところは、社会から特別な場のように捉えられていました。しかし、現在問題になっている学校現場の課題を考えると、学校も社会のなかの組織の一つだということを、まず、学校の管理者である校長が認識して、学校運営に対応をする必要があると感じられます。

①　建学の精神と教育ビジョンの再考を

そこで、学校運営のための方針や教育ビジョンは、建学の精神の現代化ということになります。とりわけ、教育ビジョンについては、自校の生徒をどのように育てるのかということを基本にし、社会の動向や入学者の生徒の実情を把握して、教育ビジョンを企てる必要があると思います。現代社会のように先の見えないモデルのない、しかも多様な生活観のなかで生活している状況では、常に指導目標を設定しておくことが、現場の教員にとっても必要なことです。現代社会での人育てのための教育ビジョンには、自己を支えてくれる「他者」との関わりや個人が社会人として生きる「社会」へ目を向けること、さらには、人間の思い通りにはいかない「自然」へと、人間の関わり方を意識した生活目標を設定することが必要になると思います。

具体的な教育ビジョンを設定して、学校の生活のなかで一人ひとりの児童・生徒の生活目標を実践させていく支援が、現場の教員の役割になります。毎日通学してくる子どもが、学校生活でその目標の実践がどれだけできたか、その評価こそ教員の楽しみにもなります。

生活目標は、社会で生きるための基本になりますから、不確実で多様な社会で子どもの生活の羅針盤にもなり、どのようにでも生きられる成熟社会での子どもの生き方の支えにもなると思います。さらに、このビジョンの成果は、生徒のために指導している教員にとってもプラスになり、教員のやりがいと指導目標の共有によって生まれる、教員同士の連帯感の醸成ということにもなるのです。

② 校長（管理職）の運営指針

私学は、預かった子どもを伸ばして評価される学校です。従って、預かった子どもの付加価値の把握をしておきたいものです。まずは、入学してきた子どもの観察と把握です。私学のなかには、入学試験の合格者が決まったあとに、校長自ら親子面談をしている学校があります。面談の目的は、家庭と学校が一体になって子どもを育てるためです。そのために、家庭の指導方針と指導の様子を聴き、学校が指導しなければならないことと、場合によっては家庭に協力してもらわなければならないことを、校長からはっきりとお話ししているのです。

校長による運営指針について、少しまとめておきます。

・私学の場合、多くの学校は、まず、預かった子どものセルフイメージの転換の必要があると思います。子どもには、入学した学校は、すべて第一志望の学校ばかりではないからです。子どもには、どこに入学したかではなく、これから子どもがその学校で何をするかを親と学校がプロデュースすることが始まりです。そのうえで、子どもが、入学から卒業へ向けて子ども自身の生活の展望をして、学校生活から付加価値（満足度）を生みだす環境が準備されるのです。

・私学は、授業を通して知識の伝達をするだけでなく、子どもの生き方を支援する場です。もちろん、授業は指導要領に沿って進めなければいけませんが、単元の内容の説明ではなく、生きる教材を提供する場（舞台）と考える必要があります。子どもの意識を動かすのは知識だけでなく、日常生活の体験が影響することが多いと思います。そのためにも授業を担当する教員の眼が、社会に開かれている必要があるのです。不透明な社会だからこそ、子どもの生き方を踏まえた学校生活が大切になるのです。

・校長は、現場の教員が働きやすいように、環境づくりをすることです。そのために学内の指導方針の確認と指導内容のチェックをすること。校長は、私学としての自校の何をアピールするのか。親の子育てに求められていることを把握して、自校の特色を明確にして学内の教員と共有をしておく必要があります。従って、学内の指導内容の把握と進捗状況の把握をして、現場の運営がうまくいくように教頭やミドルリーダーと一緒に支援することです。具体的には、学年主任の学年経営や教科主任の手助け（相談・支援）とチームづくりの支援が必要になります。さらに、進学を踏まえた教科指導についても、進路指導主任を通して支援することも大事なことです。分掌の主任に任せっきりにせず、校長が、日頃から相談できる体制をつくっておくことです。

・とくに子どもや教員が求めるものは、時代に応じて変わります。20年前と現在では、教員の働くことへの価値観や校務をする上での環境は異なっています。そして、職場の環境が変わるということは、それをまとめる校長・管理職も変わらなければならないのです。変化する職場に必要なことは、校長の考え方や方向性などを現場の教員が良く理解しているとともに、いつでも、校長や管理職と相談できる雰囲気と状況をつくっておくことです。さらに、教員が自分の考えを安心して表現できる信頼関係づくりも必要になります。

・親への指導指針と指導内容の説明のキーワードは、「安心・安全・満足感」です。そのためにも指導の見える化を図り、具体的な指導の成功事例だけでなく、指導過程も理解してもらうことです。親の子育てや学内の指導に、特効薬はありません。だから学校と家庭の協力支援が必要で、とりわけ、多様化社会の学校運営は、学校と家庭の共通理解と共同運営が必要になるのです。これからは、ＰＴＡの在り方、保護者会の運営についての再考と、学校と家庭の役割のバランスを保つのも、校長の裁量になってくると思います。

③　校長と管理職（ミドルリーダー）の関係づくり

建学の精神に基づいた教育ビジョンの実現は、校長とミドルリーダーとしての管理職との関係づくりにも役立ちます。校長は、学校の指導方針を教員や生徒に訴え、現場の教員はその精神に基づいて生徒のための具体的な指導目標を実践します。その指導方針の実践の要になるのが、学年主任や各分掌の部長のようなミドルリーダーである中間の管理職です。校長は、現場の指導方針がうまく実現できるように協力、支援する役割があります。この管理職の先生方は、校長自身が選任し役割を任せるわけですから、常に、それぞれの現場の実情を観察しながら、現場からも報告を受けて支援する必要があります。そうしなければ、責任者になる人はいなくなります。梯子の上に載せた人は、校長がその梯子をしっかり支え、役割が果たせるような体制をつくるのもトップとしての校長（管理職）の役割です。教員が子どものために安心して現場で指導することができるように支援することが、教員が元気に活動して現場が活性化することになるのです。

2　私学を動かす教頭・副校長の役割

教頭の役割は、教育現場の先生・生徒・保護者が、それぞれ満足のいくように「マネジメント」することです。というと驚かれる先生は少なくありません。でも、学校という集団を動かすのに、校長先生お一人で動かすことができるでしょうか。校長は、学校の方向性を決めて、それぞれの分掌に役割をお願いしているのです。しかし、教育現場にいる先生はお気づきだと思いますが、常に、校長の発言をまともに受け止めているでしょうか。おそらく自分に関心のないことについては、聞き流すことが多くありませんか。そこで、校長の方針と現場をつなぐのが、教頭であり副校長であるのです。校長が、教頭や副校長を選択する意識の背景には、そのような考えが働いているのです。

視点を変えて、教頭職に選ばれた先生は、なぜ、教頭に選ばれたかを考えてみてください。教頭や副校長の立場は、時に、校長の代行をする役職です。校長が不在の時に緊急事態が生じた場合には、教頭や副校長は自らの意思で学校を動かさなければならない立場です。そのために日頃から管理職会議を開いていて、教頭や副校長に決断が任されているのです。

そこで、教頭や副校長の役割についてですが、校長の方針に基づいて現場の指導指針がまとめられていると思います。その指針が社会のなかの私学として、子どもの人間力を高め社会性を育てる指針たりえるか、そして、それをうまく展開できるかを考え現場への助言をすることが教頭の役割になると思います。自校の私学の理念に基づいた校長の方針どおりに、現場が動いているかをチェックする役割が、教頭の仕事になるのです。

教頭のなかには、役職に推薦された理由を過去の実績をそのまま実行するために選ばれたものと誤解されている先生が少なくありません。教頭職は、校長の方針が実現できるように、教育現場の助言と調整を図り、現場の教員の働きやすい環境づくりをするのが教頭職なのです。教頭職は、私学を支える現代社会の番頭と言ってもよいのです。私学の教頭は、社会の動向をいろいろな人脈を活用して、自校の指導に活かす必要があります。校長は、校長会等の人脈を通して自校のあり方を考えますが、他校の人脈を得やすい教頭の情報収集は、私学の番頭として重要な役割を担うことにもなるのです。

①「私学の番頭、社会のなかの番頭」の役割

前述したように、教頭職は、校長と同様に自校の船のかじ取り役です。校長の場合には、校長会や他校の校長から私学の動向を把握して、自校のかじ取りをします。教頭の場合は、学校に関わる関係者の経済的・社会的動向を把握しながら、家庭での親や子どもの生活状況の変化を把握したりして、他校の指導方法についても情報を得る必要があります。もちろん、私学それぞれの学校は、存立の理念や指導の環境が異なりますから、番頭役の先生は他校の動きを観察して、自校の指導の活性化に応用しなければならないのです。

現場の教員は、日々の生徒の指導に追われ、一年間の指導や三年ないし六年間の流れのなかで現場を俯瞰してみることが難しいと思います。そこで、教頭は、他校の指導も視野に入れながら、教員と子どもが生活しやすい環境づくりをすることが必要になるのです。さらに教頭は、私学運営の現場リーダーの一人でもありますから、学内の指導・監督や子どもが安心して学べる日常のリスク管理、指示や命令ではなく目標の共有によって教員が組織を動かすことができるよう、現場の活性化のための支援をするのです。私学は、子どもの人育てという視点を常に

意識して教育活動をしていなければ、公立や県立の学校との差がなくなります。
社会のなかの私学という視点に立って教頭の役割をまとめておきます。

・社会の変化と私学としての社会的ニーズの把握をしていること。
・建学の精神の実現と指導のあり方を検討すること。建学の精神は、時代の流れのなかで、体現されていなければならないと思います。つまり、指導の根っこに建学の精神が流れていることです。
・次世代の子どものための自校の指導の分析と対応を検討していること。
・自校と塾・予備校との良い関係づくりを。
・地域・行政・外部機関との関係維持と対応など。

教頭の役割は、常に、校長と連携しながら校務を展開することです。

② 学内のまとめ役としての教頭の役割

次に、教頭による学内運営のための校務について、要点を整理して若干のコメントを加えておきたいと思います。

・校長との指導方針、指導方法のすり合わせです。とくに、校長不在の折には、指導・助言の方向性がぶれないようにしておく必要があります。

・教員の人間関係の把握と指導。この問題は、学内人事を考える時に重要になります。

・教員の社会人力の効用と指導です。教員は、子どもを社会人として育てなければいけませんし、日常の生活でも保護者や業者と触れ合う機会が多いと思います。社会人としてのマナーや円滑な人間関係のための「コミュニケーション」など、私学人としての教員の生活力を高める人間力養成が必要です。

・自校の強みと弱みを把握して、強みを伸ばすことです。しかし、私学の場合は、とかく他校と比較して弱みが問題になることが多いと思います。他校との違いの把握は、自校を活かすための材料にする必要があります。

・社会変化が激しいですから、子どもや保護者のニーズを敏感に把握することです。子どもや保護者のニーズを把握するということは、決して、そのニーズを受け入れるためではありません。そのニーズが子どものためになるかどうかを、教員の指導の体験と照らし合わせて保護者に対応するためなのです。

・私学の場合は、現場の変化に対応した迅速な指導の先取りと支援が必要になります。そのためにも、現場のリーダー（ミドルリーダー）のリーダーシップを尊重して、子どもに対する指導内容の把握と教員による共有を図ることが大切です。教員による子どもの指導の共有は、ベテランから若手の教員まで、現代社会の子どもの指導の学びになるのです。他のクラスで起こっていることは、必ず自分のところでも起こることだからです。それが、教員を育てる組織になり、現場を活性化することにもなるのです。

・教頭によって、現場を支え早期発見と早期対応を図ることは、たとえ問題が起こっても、子どもや保護者の満足感を高めることになります。子どもや保護者が安心感を得るからです。こうした教頭の現場支援は、教員の働きやすい職場づくりにもなり、結果として働き方改革にもつながるのです。

次に、教頭職と教員の関わりで最も問題になりやすいことは、教頭が校務について長けていることから、とかく指示を出し過ぎてパワハラになりがちなことです。そこで、教頭の熱意がうまく伝わる視点についてもまとめておきます。

・まず、教頭は、現場の主体性を尊重することです。教頭が現場の問題を請け負ってしまうと、教員は、自ら考えたり気づくことがおろそかになり、教頭任せ、管理職任せになってしまいがちだからです。それでは、現場の教員が育ちません。現場をよく知っているのは、現場の教員なのです。

・現場を見て、聴いて試行錯誤をし、現場を活かす（評価する）ことです。

・教頭は、自分の想いを伝えたあと、現場の意見（考え）を尊重することです。そうすると、現場の教員の責任感が高まり、次回、同じような問題が起こらないようにと、指導上の危機管理力も高まってくると思います。

③　教員の仕事と時間の使い方

教員の仕事は、多忙だということで、教職離れの問題をよく耳にしますが、現代社会は、どの職場でも日ごとに忙しくなってきています。そこで、教育現場でも教員の本務を考えて『時間の使い方』について、教頭や校長は現場の指導をしておく必要があります。例えば、

・教員の仕事（活動）の目標や内容を考えること。
・仕事の優先順位を決め、仕事の段取りを考えること。当然のことですが、教員の最優先の仕事は、子どもの危機管理とモチベーションを高めること、子どもの学びの啓発をすることなどです。
・仕事を見える化（可視化）して、学年や教科、分掌で協働・共有をすること。
・仕事をする場合、その仕事の時間（残りの時間）を常に意識して使うこと。
・仕事を決めたら、早く決断して早めに取りかかること。
・仕事をする場合には、集中する時間と隙間時間を意識し、必ず調整時間もつくることです。何でも予定通りにはいかないものですから。

また、若手の教員から、教員の優先すべき仕事について聞かれることがありますので、二、三気づいた点をまとめておきます。

・まず、子どものモチベーションを高める指導と方法に取り組むことです。子どもの生活は、学年が上がるごとに不安が多くなり自信がなくなりますから、教員によって生活力や学ぶ力を高める指導が必要になるからです。

・生活力や学習力が高まらない理由の一つに、生活リズムを整えるための習慣化の課題があります。最近の子どもには、いわゆる、非認知能力と言われる、努力すること、行動すること、逆に我慢するための忍耐力などが、培われていないことがありますから、教員は、教科指導だけでなく、この非認知能力の支援の必要性を認識しておく必要があると思います。

・子どもの主体性を確認し育てることです。自分で気づき考え、創造し、行動する力を支えることです。授業や学校行事、クラブ活動でも、「やっておきなさい」と突き放すだけでは、子どもは頑張れません。手間がかかりますが、目をかけたり、声をかけたり、ちょっと話を聴いてあげることが必要になるのです。

・考え方の違う仲間とのグローバル化と社会化です。いわゆる、心のバリア・フリーの問題です。少子化で兄妹が少なく人間関係をつくることが脆弱ですから、小学校から友だちとのコミュニケーションの取り方をクラス経営のなかで支援することが必要です。

・そして、仕事の目的は「大丈夫！　やればできるよ」と、その方法を理解させて自信を高めることです。

とりわけ、若手の教員は指導のスキルは学んでも、教職内容の具体的な目的と仕事の全体像が十分には見えていませんから、時間の使い方については、教頭が、時折、研修の形ではない真面目な雑談のなかで支援しておくとよいと思います。試験の前になって、さて何を出題しようかとテスト問題を考えている教員をよく見受けますが、先輩の教員の多くは、試験の問題などは授業の展開のなかで、出題の目安をつけて授業に取りかかっているものではないでしょうか。子どものために、教員同士の情報共有の必要性です。

3　保護者との連携の必要な社会

①　多様化社会での保護者会の意味

情報化された社会で、子どもの指導が混迷する時代ですから、保護者にとって必要な情報は、学校から提供しなければ親の不安・不満が大きくなりクレームにつながることが危惧されます。従って、学校の指導や課題を保護者に伝えることは、時代の要請だと思います。事前に学校と子どもの情報が共有できる環境づくりが必要な社会になっているのです。子どもの指導は、学校に任せておく時代ではなく、親も一緒に学ぶ時代になっているのです。社会生活の考え方や価値観が多様化しているのですから、子どもの指導は、時折、子どもの教育活動のプロセスを振り返って、助言・改善をすることが必要になっています。それだけ指導が単純ではなくなってきているともいえるのです。子どもを育てるために学校と家庭が協働することは、同時に、保護者に子育ての「当事者意識」を醸成することにもなり、子どものための「危機管理」意識を高め共有することにもなるのです。

② 保護者会（懇談会）の再考

これからの保護者会は、学校生活をしている子どもの情報、つまり、子どもの成長過程や指導上の課題をお話しする必要があるのですから、保護者目線での保護者との交流が必要になります。学校の役割・家庭の協力のすり合わせがポイントになります。具体的事例としては、

・学校の教育活動と、その意味の報告と振り返り。
・子どもの生活改善、新たな生活目標など。
・学年、クラスの目標についての進捗状況を報告して情報交換。

例えば、学校生活の振り返りをし、長期休暇の過ごし方や指導目標など、三年間ないし六年間の展望を踏まえて現在の学年の指導への取り組みを説明し、その進捗状況を保護者と共有して、もう少し改善すると良くなる点など、学年やクラス、子ども一人ひとりの行動について学内で気づいたことの報告・情報交換などが考えられることです。

子どもは、学校の様子は自分の都合で親に報告しますから、学校での子どもの様子を知りたい親にとっては、日常的に不満を持っている場合が多いと思います。親の知りたいことを学校が先取りして報告することが、不透明社会の学校の対応として効果があるのではないでしょうか。学校の指導について、親が理解を深めることは、学校への過剰な要望や相談を少なくする効果として大きいと思います。

4　子どもを啓発するための課題

私立学校の役割は、子どもを有用な社会人として育てることです。多くの子どもは、まず親から人との関わりや自己主張の方法について躾けられ、その後社会のなかの集団である幼稚園や小学校で、本格的に人間関係や社会性を学習するわけです。しかし、現代社会では、子どもは核家族という小さな集団のなかで、とりわけお母さんとの関係で育てられます。しかし、幼稚園に入園しても小学校へ入学しても、友だちと思うように交流することができずに、友だちや先生との関係づくりに苦労している子どもが多いことが現状です。人間関係は、自然にできるのではなく、お互い相手を受け止めることによってつくられるものです。いくら親しい友だちでも、お互いに正しいことを言い合って正当性を競って自己主張していたのでは、なかなか友だち関係はできません。

子どもは、社会のなかに受け入れられ、そこで自分の持っている能力が評価されるように育てられなければなりません。とりわけ私立学校は、子どもの社会性を育てながら、子どもの持っている持ち味や能力を引き出し、育てる場なのです。従って、私学は、預かった子どもが入学したときからどれだけ育ったか、あるいは社会に出るための条件をどれだけ身につけたか、ということを意識して育てなければならないわけです。最近は、「入学がゴールではない」とよく言われるようになりました。出口の高校進学や大学合格率も本来の目的ではないということです。大事なことは、私学で預かっている間に教員や先輩、あるいは保護者や卒業生との関わりによって、どれだけの成長と満足感が得られるかということなのです。出口で得られる結果は、子ども一人ひとり異なります。それでも在学中の教員や学校の関わり合いによって、子どもや親にこの学校に入学してよかったという、充足感を与えることができれば、まずは合格点です。すべての子どもに同じ満足感を与えることはできませんが、大事なことは、それぞれの子どもに応じた精一杯の教員の関わりによって得られた満足感なのです。

①　自己改善に必要な生活目標と気づき力を

子どもに満足感を味わわせるためには、周囲の人が自分にどれだけの関わりをしてくれているのか、あるいはそれによって自分がどれだけ変わったのかという、子ども自身の「生活目標」と「気づき力」を育てることが大切です。子どもの生活目標は、一人ひとり異なります。生活目標は、自己を成長させるための課題だからです。子どもは、自己の生活目標を持つと生活意欲が高まります。小学校の児童でも中学や高校の生徒でも、自己の生活目標を持たなければ、昨日と同じだらだらした生活の繰り返しになり、生活の充足感はなかなか生まれません。このことは、クラブ活動の練習にも言えることです。目標とケジメのある練習こそ、「練習のための練習」ではなく、「実践のための練習」になり、それがクラブ全体を成長させることになるのだと思います。

さらに、自分がいま「何をしなければならない」のか、あるいはいま「何ができる」のかという問題には、子どもの「気づき力」が大切です。気づく力を身につけるためには、日頃から子どもの生活の周囲で起こっていることに関心を持たせ、それにどのように取り組ませるかが大事だと思います。親や学校は、子どもを社会人として育てなければならないのですから、常に、社会で起こっていることに関心を向けさせておくことが大切です。気づく力は、相手がいまどのような状況にあるのか、あるいはまた、社会環境のなかで自己の想定できることとできないことを学習するのも、気づき力が基本になると思います。

② 学校が変わるための教員意識の転換を

学校にいる子どもは、まだ、社会人としては未熟です。ところが、前述のように子どもの背後には、社会人である親がついているのです。従って、子どもの指導をする場合には、社会人である親の考え方を把握して子どもに関わらなければなりません。社会人としての親の「社会人力」は多様で、学校で子どもに教える「社会人力」とは一致しないこともあります。理不尽な社会人力を身につけて育ってしまった親も少なくないということです。

そこで、教員も社会で通じる「社会人力」を学習するとともに、多様な考えを持つ親への対応のために、教員もチームをつくって子どものための関わりができるようにしないと、時に親からの理不尽なクレームに振り回されてそれに対応しきれずに、結局、子どもの指導がうまくいかずじまいになり、問題を大きくしてしまうケースがよく見られるのです。教員の組織化がますます必要な時代になってきているということです。

③　現場の目標の方向性と目標の高度化を

子どもに、より高度な社会人力を身につけさせるために、子どもの生活指導や教科指導などの方向性を、教員集団によってしっかり打ち合わせておく必要があります。よく教員が一枚岩になって子どもの指導をという声を聞きますが、これは、教員集団の特質から考えてなかなか難しいことです。

しかし、現代の社会風潮から考えれば、教育現場の子どもや親の変化に対応するための教員の役割として、校長や管理職が教員を指導してその方向性をまとめ、教員仲間の一体感を醸し出す必要が出てきていると思います。同時に、教員集団で指導の目標を高めていくことも、現代社会の私学が抱える課題です。私学の指導目標の高さは、その私学の卒業生がどれだけ社会に受け入れられ、活躍しているかということにつながり、それが入学志願者に反映していることは、成長している私立学校に共通してみられる傾向と言っても過言ではないと思います。

5 現場重視社会の到来

不況とはいえ、子どもの生活している社会は、経済の成熟した社会です。子どもは、モノやサービスの過剰という成熟社会の影響を受けて、学校生活を送っているのです。人の意識や生活は、周りの雰囲気や環境に左右されますから、学校で指導を受けている子どもも友だちや家庭、社会の影響がとても大きいと思います。従って、とりわけ多感な時期の子どもの指導にとって大切なことは、目の前にいる子どもの現状がどのようになっているか、すなわち、子どもの自律にとっていま何が必要なのかという視点で、子どもの指導に当たらなければならないということです。どのようにでも生きられるという思いで生活している子どもを指導する教員は、常に生徒の意識や生活を観察して、子どもの足りないものを気づかせ考えさせる指導・支援にあたらなければ、子どもの成長感、充足感は、生まれてこないと思います。現代社会こそ、指導者は子どものおかれている現状を把握して、子どもに関わる時代ではないでしょうか。

昔から、「人を見て法を説け」という言葉があります。いくら正しいことでも相手がそれを受け入れられる状況になければ、良い結果は生まれません。教員が、子どもに関わる場合、まず大事なことは子どもの現実を把握することです。さらに、その背後にいる親の考えと生活環境の把握です。子どもは、身近で関わっている者の影響を受けます。だからこそ、学校や教員は、子どもと親を一体として観察して対応しなければならないのです。未だに、子どもの躾は家庭の問題であるとか、親は教員の味方ではないと勘違いして、親の存在に注目しないでいる私学は少なくありません。しかし現代社会では、母親の五割近くが大学卒で高学歴者なのです。時には、教員より偏差値の高い大学や大学院を出ている親も多くなっているのですから、学校は、子どもとともに親との人間関係づくりをしなければならない時代になっているのです。

①　子どもの現在と課題

そこで、現代社会の子どもの自律にとって何が足りないのか、すなわち、子どもが高校・大学を卒業し社会へ出る時に、大きなハードルになっている問題を指摘しておきたいと思います。それは、思春期に育てておかなければならない課題、と言ってもよいと思います。

現代社会の子どもにとって、社会生活をするための生活面や学習面での基本的な問題として指摘されていることは、例えば、次のような特徴が上げられると思います。

・何でもできると思っているができない。
・失敗を恐れて、やる気（意欲）が出ない。
・意欲はあるが、やり方が分からない。
・一人で行動するのは怖い。
・失敗が怖いため、自分で考えたり工夫をせずマニュアルを求める。
・あきらめやすい。
・子どもの時から親に守られていて、自分のことが判断できない。
・良い子ぶっているが、内面は孤独でひ弱なところがある。
・考えが浅く、希薄なコミュニケーションしかできない。

つまり、現代っ子は、成熟社会のなかで生きる力や生き方については、学んではいないのではないかということです。さらに、少子化社会で親は一生懸命に子どもの面倒をみているが、その実、子どもが自分の力で生きるための生活力、例えば、自律や生活意欲、人間関係、生活体験を通して、人生には思うようにいかないことがあるという認識を身につけられず、自分の周りで起こることにどのように判断したり決断をしたらよいか、考え行動する鍛錬が社会へ出る前になされていないということが指摘できると思います。

先が見えにくく、ましてやモデルのない社会で生活するためには、柔軟性をもって、常に臨機応変に対応する能力が必要になります。また、そうした応用力を身につけるためには、まず社会生活に必要な基礎・基本ができていなければなりません。しかし、現実は、何とかなるという成熟社会が背景にありますから、努力をしようとしない。ですから授業でもクラブ活動でも何とかなるさという思いが強く、分からない、できないままに自分に合ったことを探す生活を営むようになるのです。進路指導でも、多くの生徒が自分に合った仕事を探す場面が多く見られるのも、現代社会の子どもの特徴だと思います。若者が自分に合った仕事というよりも、自分の能力や個性を活かせる場を探し、そのための能力磨きが、社会へ出る前の学習や鍛錬として重要になるのです。これからは自分探しも大切ですが、それ以上に社会に迎えてもらう自分づくりの支援も、家庭や学校の役割になるのではないでしょうか。

② 親の現状把握

親の子育ての意識についても、現場から捉えておく必要があると思います。親の子育ては、少子化で目のなかに入れても痛くないわが子との関係です。経済的に豊かな社会で育った親は、どの親も子どもの幸せを願って、子育てをしていると思います。子どもが転ばないように、あるいは失敗しないようにと、親が先回りをして子どもを育てるケースが多くなっているのが現実です。しかし、子どもは、成長したら親から離れて自立しなければならないのです。子どもが社会人として行動できるように育てるのが、いつの時代でも親の役割です。しかし、子どもの面倒見のところでもふれましたが、いま多くの親は、子どもの幸せのためにという意識で子育てをしていますが、子どもの幸せと称して何が子どもの幸せなのか、どのように育てることが幸せなのかがわからずに育てている傾向もあるのではないでしょうか。高学歴でたくさんの知識を学んでも、社会に受け入れられない子どもが少なくないのが現状です。しかも、子育てがお母さんの「弧育て」とも言われるほどに、子育てに関わっているのはお母さん一人、というご家庭の多いことです。お父さんがいても、仕事に追われてなかなか子育てに参加できないでいるのも、現実の家庭事情なのです。

このような状況のなかで、躾のような社会で必要な子育てについては、家庭の問題といわれてきました。しかし、小学校の入学式を見ても、式の間に椅子に座っていられない子どもが増えているのです。学校生活が始まっても、お友だちとの交流の仕方が躾られていない子どもも少なくありません。小学校や中学校でも入学式のあと、子どもの集団生活が円滑にできるようにとオリエンテーションを企画しますが、実際は子ども同士の問題が起こってからの指導が多いのではないでしょうか。やはり小学生や中学生への社会性の指導は、日常的に学校も家庭と一緒に行うべき重要な課題だと思います。とくに、日常的な人間関係づくりは、教員が指導の大切さと方法を親に働きかけなければ、親は子どもを社会人として指導することの難しい状況にあるように思います。現代社会は、家庭の教育力が低下していることを認識して、学校が積極的に子どもが社会人として育つよう、家庭と一緒に向き合うことが必要な時代だと思います。

③　社会のなかの生活意識を育てて

教員は、子どもに教科指導を通して多くの知識を指導することも大切ですが、その知識は、子どもが社会生活のなかで自分を活かすためのものでなければならないと思います。従って、子どもの指導は、まず、子どもが社会で元気に活動できるように、社会に目を向けた指導をする必要があります。

いま自分たちが生活している社会がどのようになっているのか、小学生には小学生なりに、また、中学生にはその発達に応じて社会に目を向けさせ、そのなかで自分の居場所がつくれるように、自己認識させることが必要になると思います。学校でも児童や生徒の人間関係づくりに苦慮していると思います。毎日のように、子どものいじめや不登校がニュースになっているではありませんか。

　クラスや学校での友人関係が、自然につくれると思っている子どもは少なくありません。人との関係は、つくらなければできません。そのような関係づくりを指導する場が、いまなかなかないのではないでしょうか。学校での指導としては、クラブ活動や学校行事がその機会にあたると思いますが、クラブ活動や学校行事によって、人間関係づくりや子どものケアシステムがうまく機能しているでしょうか。もし、それができていれば、こんなにいじめや子どもの不登校が問題にはならないと思います。

　従って、友人との関わりについても、円滑な人間関係がつくれるよう日常的に児童や生徒への指導もしておく必要があります。とくに、少子化傾向やＩＴ化によって子どもが他人とふれあう機会が少なくなっていますから、子どもは、我がままを通して自己主張をするか、親の主張を受け入れて我慢させられながら育つか、親の関わり方によって子どもの意識に変化がみられるのです。例えば、放任されて自己主張が強く育てられている子どもは、他人のことは目に入りません。逆に、管理の強い親に育てられている子どもは、気が弱く消極的になりがちで、友だちの主張を受け入れてしまう傾向がみられると思います。

　もちろん、子どもによりますが、そのうちストレスがたまり過ぎれば、良い子の問題行動として、友だちとの間で強い自己主張をする行為も出てくるケースは少なくありません。いずれにしろ、家庭でも社会でも人間関係を指導されていない子どもについては、社会に出る前に学ぶ機会を持つことが必要だと思います。

子どもは、人間社会のなかで人に支えられて生きるのですから、他者との関わりの学びは、子どもの能力を活かすためにも重要です。少子化で兄妹の少ない子どもには、人間関係づくりの基本を早くから指導する必要があります。

私学のなかには、中学一年から一年間、ある学校では三日に一回、また、ある学校に至っては毎日の「席替え」を始めています。それは、隣り合わせた友だちとの距離感を考えて、どのように相手の人と関わったらよいかを学び、また、その相手とどうしたら良い関係をつくれるか、あるいは、コミュニケーションができるかを考えさせることが目的です。

生徒のリスクを早期に受け止めて、中学生の本格的な学習になる前に、教育的対応をしているのです。その結果は、豊かで円滑な人間関係ができるようになり、その後の生活の協働に活かされているようです。

第4章　多様化社会に耐えうる指導を

1　社会人としての基礎力育成のために

子どもの養育には、時間がかかります。とくに、人間の場合は、促成栽培ができません。手をかけ時間をかけることが、まず必要です。もちろん、手のかけ過ぎは、「甘やかし」になりますから、人間の場合よい結果を生みません。むしろ、子どもを不幸にしてしまうことが往々にしてあります。そのためにも、多様化し先の見えない社会にあっては、小さな時から発達に応じて自分でできることは自分で考え決断して、生活する力を身につける指導が課題になると思います。

自分で考え決断する力は、とかく思春期の時期に育み培われる傾向がありますから、中学、高校の多感な時代に、社会生活に耐えうる人間教育の指導を心がける必要があると思います。このことは、心理学や社会学の分野の研究でも指摘されていることで、長い教職の現場でも感得できることです。現場にいてよく見聞きしてきたことですが、かわいい、かわいいといって甘やかされて育てられた子どもが、上級学年になって自己の思うようにいかなくなり、ひきこもりや不登校、あるいは友だちとの人間関係が思うようにできないというケースは、決して少なくありません。かわいい子には、どのような状況でも前向きで生活できるように、生活体験や社会体験をさせることが大切ではないでしょうか。

いま、思春期の中学・高校を卒業して大学生活を終えた、いわゆるゆとり世代の学生が社会へ育っています。彼らは、人間関係の脆弱さと社会人としての鍛錬が欠けていることが指摘されています。彼らは、大人のゆとりに対する考え方の無理解のお陰で、社会的に未熟な人間として育ってしまったのではないでしょうか。そこで、人間関係をつくる目的は何かというと、人は人に支えられて生きているのですから、社会で生きるための人間関係、つまり、自己を活かしてもらう人との関係を形成しなければならないのです。そのためには、まず自己を知り他者との接し方や、社会で活動するための能力を育んでおく必要があります。そして、早くから社会へ目を向けて社会に参画し、そこで積極的に仲間をつくり、いろいろな社会体験を積むことが、結果として社会での生き方を学ぶことになると思うのです。この間、壁にぶつかって育つチャンスなのです。多くの人に支えられて前向きに思考・行動できるように育てることが重要なのです。

①　現代社会が求める人物像

そこで、これからの社会が求める人物像ですが、社会全体を見ても人間関係が希薄になっている状況にありますから、中学・高校では社会生活に耐えられる「人間育成」の必要があると思います。例えば、小学校の入学式に幼稚園で3年保育を終えた多くの新入生が入学してきます。幼稚園では、歌や遊びなどの保育内容を通して小学校への準備をしていますが、校長先生のお祝いのお話や担任の紹介の、ほんのわずかな時間を我慢できるように指導することも課題になるのです。もちろん、小学生だけでなく中学・高校の生活でも、人間関係や人として、あるいは社会人としてのコミュニケーション能力を含む人間力が、常に育まれなければなりません。何度もふれていますが、集団生活や人間関係はつくられるものです。大学生になる前に小学校や中学・高校のそれぞれの校種で、育まなければならないのです。

次に、子どもたちは不透明な社会に参画していくわけですから、社会の現状がどのようになっているのか、そこで自分は何ができるのか、「気づく力」を育むことも思春期の子育ての課題だと思います。学校は、正解を教えなければならない場であるわけですから生徒たちが社会で出さなければならない答えは、過去の出来事の答えと同じかもしれません。子どもがこれからの課題に対応できるように育てるためには、早い時期から社会に関心を向け、過去や現実に起こってきた問題をどのように改善したらよいかを、気づき考えさせる指導も必要になります。この気づき力ですが、例えば、授業やホームルームのあとに、どのようなことに気づいたか、話をさせたり書かせたりして、その気づきを共有している学校もあり、それが生徒同士に影響し、子どもに思わぬ成長が見られています。

また、多様化の進む社会ですから、子どもの日常生活には「柔軟性」をもって指導することが求められます。例えば、進路指導なども、従来は、進路をできるだけ絞って、迷いなく進学ができるようにと考えていましたが、これからは、いろいろなことに興味を持たせて、その子どもの顔やキャラクターづくりの支援をしておく必要があります。これからの社会は、将来自分の職場がなくなってしまうことも考えられますし、雇用状況をみても従来のように一つの会社に30年、40年と勤める社会ではなくなりつつあるからです。これからの子どもには、少しでも多くの趣味や興味を引くことにふれさせ、いつでも子どもの好奇心を育てておくことも、求められます。進学指導から進路指導へという指導の流れのなかで、職業指導ではないキャリア教育としての子どもへの関わりの重要性も増すことになると思います。

さらに、新しい問題に遭遇する機会が多くなりますから、当然、「問題解決能力」を養っておくことも大切です。そして、応用問題を解くには基礎・基本の習得が必要なように、社会で起きる問題についても社会の基礎・基本の鍛錬が必要になります。そのために学校でも、教科だけではなく、多くの生活体験や社会体験を通して問題解決のための鍛錬、すなわち、子どもの考える力や生き方について学習させ始めています。もちろん現在でも、すでにカリキュラム上で、子どもの生きる力や生き方の指導をしているわけですが、実際には知識が重視されているという現実があります。私は、その理由として二つのことがあげられると思います。

一つは、経済社会が豊かで成熟した状況で、どのようにでも生きられる社会ですから、そのような環境のなかで子どもは、生きる力や生き方について真剣に考えられないのではないかということです。

もう一つは、子どもの生活体験が本番の社会生活に活かされていないのではないかということです。つまり、学校での生活体験が練習のための練習に終わってしまっているのではないか、その練習が知識として頭に入っているだけではないかということです。例えば、毎年正月に行われる大学生による箱根駅伝です。彼らのほとんどが、陸上に関心を持ち大学駅伝で箱根を走り、社会へ出ます。どんなに一生懸命、陸上、駅伝に打ち込んでも、陸上で一生食べていける人は少ないと思います。多くの学生にとっては、「箱根駅伝から何を学んだか」ということが課題になるのだと思います。たとえ駅伝に出られなくても、駅伝への関わりを通して自己の人生に影響するものを学んでこそ、その後の人生の生きる力になるのだと思います。

よくエントリーシート（自己推薦書）の書けない大学生の話を聞きますが、その多くの学生は、とかく、ナンバーワンを目的にし、その実現を目指してきた学生です。すべての若者が、ナンバーワンではないが達成感のある生活で得た自己のエントリーシートを書けるような、生活体験と学びのできる指導をさせたいものです。

前述のように、現代社会は先が見えず多様化した状況ですから、これからの人材はどのような状況下におかれても、それに柔軟に対応できる心構えと判断力を習得して、社会に巣立つ必要があります。つまり、社会人としての基礎・基本を中学・高校時代に身につけておかなければならないということです。その基礎・基本の一つに、社会人としての「自律」の問題があります。社会に育っている若者が、親や周囲の過保護な関わりによって、なかなか自律できずに育てられている現実があります。小さい時から、自分のことは自分で行うという生活習慣こそ、子どもが少年から青年になって、自分のやりたいことがやれるエネルギーと実力を持った若者に育つのではないでしょうか。中学から高校生になって自分の将来の夢を追う時になっても、その行動がついていかないという生徒を育てないためにも、これからの家庭や学校の指導で子どもの自律という問題は、重要になっていると思います。

次に、社会人としての基礎力として重要なのは、時間の使い方と段取り力があげられると思います。現代社会は、とかく多忙を極める状況にあります。仕事の量も年々多くなり、ましてや、社会での立場が高くなればなるほど忙しくなります。そこで時間をどのように使うか、自分が持っている限られた時間を緊急度と重要度を基準に優先順位を決め、その段取りをする必要があります。よく中学生になると試験の前などに予定表をつくって時間の使い方を指導する学校がありますが、試験の前だけでなく日常的に段取り力が身につくよう継続的に指導し、それを習慣化する必要があると思います。ある中学校では、3年間毎日生徒に日々の予定を生活ノートに書かせて、時々担任の先生がノートを点検し、生徒の生活習慣づくりが定着するよう指導にあたっている学校もみられます。意識しなくても時間の段取りができ、限られた時間を有効に使えるように育てることが、子どもの社会人力として必要なことなのです。

② 子どものための指導内容の再考

生徒の指導内容の再考も必要になると思います。当たり前の問いですが、学校とはどのようなところなのかということです。子どもから、「なぜ学校に行かなければならないのか」と、聞かれた親や教員は少なくないでしょう。でも、この当たり前の質問にどのように答えたらよいのでしょうか。答えは、いくつもあると思います。学校が子どもを預かる基本は、子どもの「分からないことを分かるように」あるいは「できないことができるように」なるためではないでしょうか。そして、「社会で元気に生活できるように」することだと思います。従って、ただ知識として分かるようになったり、問題が解けたり、課題が理解できたりというだけでなく、学校の指導が生きるための、つまり本番のための指導につながるようなトレーニングでありたいと思います。

それから、子どもが手にする「学歴」についてですが、この学歴についても取得した結果だけでなく、その学歴を手にするために何に気づき考えたか、そして自己の生活に活かせる学びができたかが大切です。生徒の指導内容には、教科に始まって円滑な人間関係や集団生活の実現のために行われるホームルームやクラブ活動、学校行事などがありますが、その指導内容を子どもの生活に活かすことが課題です。ある学校では、教科を生活に活かすために、家庭科をすべての教科の基礎において、ものごとの判断や自己表現のための国語や英語、そのための知識を中心とした社会や理科、さらに、健康、安全のための保健・体育などの知識を活かせる指導をしています。また、ある学校では教科の指導案を教科全体で協働してつくり、経験豊かな教員の知識と知恵を基礎に若手教員の感性を活かし、より生徒の理解度を高める授業を構築している学校もあるのです。また、授業力を上げて、生徒を難関大学へ進学させようという時に、とかく、上位層の生徒への指導が優先しがちですが、どこの学校でも一番多く在籍している中間層の生徒の在籍中の満足感を充実させることも、これからの課題になると思われます。

卒業式で子どもたちに授与する「あなたは『課程』を修了しました」という卒業証書の中身は何でしょうか。ひょっとしたら「教科」だけではありませんか。

中間層の生徒が伸びてくると上位層の生徒も頑張るようになり、下位層の子どもも全体の刺激を受けて前向きに頑張り始めるというケースも少なくありません。

学校でのホームルームや終礼の意味の再確認も必要になると思います。とくに、道徳の時間やロングのホームルームについては、発達に応じた課題について意見の交換を行ったり、子どもに気づかせるための話し合いや情報提供の時間として重要になると思います。道徳やホームルームは、子どもを育てるだけでなく、教員が学ぶための貴重なプレゼンテーションの時間にもなるのです。

2　子どもの生活力を高めて

幼稚園や小学校低学年での子どもの生活には、遊びが重視されます。未だ言葉や思考力が十分ではない子どもでも、遊びを通して子どもの生活力を高める気づきがあるからです。いまでこそ、遊び道具があふれていますが、遊具のない時代には、子ども自身で遊び道具をつくったものです。子どもながらに楽しく遊ぶためには、どうしたらよいかを考えての生活でした。うまく遊具ができることもありましたが、失敗してケガをすることもありました。それでもお兄ちゃんやお姉ちゃんの遊びを見ながらいろいろ工夫をして、楽しく遊んだものです。

その行動こそ、子どもの気づきと考える力だと思います。現代社会は、大人から与えられるものが多くなって、子どもの生活に工夫というスペースが少なくなっているように感じます。工夫は、効率のよい便利な社会ではなく、不便や不満の生まれる状況で育てられるエネルギーではないでしょうか。便利で効率のよい社会を変えることはできません。しかし、せめて子どもの気づく力、考える力を育む支援はできるはずです。例えば、学校行事の見直しによって子どもの気づく力、考える力、創造する力を再生することは、子どもの生きる力、生きる知恵を育てることになると思うのです。

子どもの生活力は、身近なところから育てられます。まず、現代社会では、子どもは自己に目が行き過ぎている社会環境に生活するという実態がありますから、子どもには、小さな時から周囲のことに関心を向けることが必要だと思います。子どもは、教えなくても周りのお友だちや仲間の動きに気づいてまねる能力を持っています。できるだけ他人や社会、自然に熱い目を向けさせて、自己の気づきや考える力を養ってあげたいものです。周囲への関心によって気づき力を育まれた子どもは、成長して中学生や高校生になっても、生活への関心度が高まり同じ話を聴いても、あるいは同じ体験をしても気づき力や考える力も高く、行動力も旺盛になると思われます。反面、消極的な子どもの多くは、周囲のことに無関心で人とのふれ合いも避け、成長しても人見知りがあり他者との人間関係を不得手にしています。いま、勇気を出して行動できないでいる子どもが育ってはいないでしょうか。子どもには、小さな時から周囲の生活に目を向けさせ、子どもの考えを聴くことも大切です。子どもの生活のなかで意識して気づく力、すなわち、生活力を育てたいものです。

① 子どもの自主性や主体性を育てるために

子どもの生活力を育てるためには、子どもの自主性や主体性を育てることが必要です。とりわけ、便利で効率のよい社会に生きている子どもたちです。とかくお客さんとして家庭や学校生活を過ごせる子どもたちです。これからの多様化し不透明な社会で生活する子どもたちには、自主性や主体性の学習も重要な課題です。そこで、どのように子どもの自主性や主体性を育てるかということですが、子どもに限らず人が生きるうえで、いかにモチベーションの高い生活ができるかということです。子どものモチベーション、すなわち、子どもの生活意欲を高めるためには、子どもをお客さんにしないということです。それでは、なぜ人は自分で考え行動しないで、他人の言われるままにお客さんになってしまうのでしょうか。

人がお客さんになる理由は、主人がお客さんに居心地のよい状況をつくっているからではないでしょうか。主人は、一生懸命お客さんのニーズを探り、何とかお客さんを満足させようとしているから、お客さんはその家にいるのです。ところが、居心地が悪くなるとお客さんは特別な注文を出したり、自分の望みが叶わない場合には、お帰りになるのだと思います。

さて、子どもの自主性や主体性の問題に関連して、成熟社会での少子化と、子どものためにという親の自己満足感によって、子どもを甘やかしている社会がみられます。例えば、子どもにやらせない症候群のお母さんの増加です。お母さんは、子どもには苦労させたくない。少しでも楽に、しかも、勉強だけやっていてくれればよい、という家庭が多くなってはいないでしょうか。また、子どもの面倒見のよい学校ということで、子どものかゆい所に手が届くような過保護の指導をしている状況も少なくありません。

これからは、ますます多様化する社会状況ですから、自分の生活や生き方は、自分で決めなければならない時代です。しかも、どのように生活するか、あるいは生き方をするかという問題には、「正解」がありません。変化が激しくなればなるほど、どうしたらよいかを自分で考えなければならなくなります。答えがないのですから、いままでのように答え探しをするのではなく、自分の頭で考え、常に自分の方向性を探っていることが課題になると思います。従って、これからの教育は、どのような社会状況でも自分の頭で考え行動し、自己の方向性が見いだせるような生活をしておくことが必要になると思います。

そこで、自主性や主体性を育てるための具体的な指導について、もう少しまとめておきたいと思います。

まず、子どもの生活のなかから、他者や社会との関わりのなかでの自己のあり方を認識させることが必要になります。子どもは、のちのち社会に出て人と関わることになるのですから、人と人との間にある垣根（ハードル）を超えることに慣れさせておく必要があります。大学生になっても「私は、人見知りをしてしまうのです」では困るからです。

「好きこそものの上手なれ」という言葉がありますが、子どもの好きなことを身につけられるように支援することです。そのためには、親や教員がいろいろとやって見せることが必要です。そして、子どもの関心事のなかから何か得意なことができたら、それを応援してあげることです。小さなことでも自分の好きなことができるようになると少しずつ自信がついて、その積み重ねが子どもの行動の原動力になるのです。人前で思うように話すことのできなかったのに、ボランティア活動を通して人前で自分の意見をしっかりと主張できるようになった高校生もいるのです。もちろん、仲間に支えられての生活が、その背景にあったからです。

先の分からない社会ですから、子どもにはいろいろな生活体験をさせておきたいものです。たとえわずかな体験でも、子どもにとってはそれが将来どこで活かされるか分からないのです。わずかな体験でも自分でやってみた、ということが自信につながるのです。理科の実験や社会科の社会見学と同じなのです。これからは、いろいろな趣味や体験が子どもの将来を広げることになると思います。東京のある私学ですが、創立以来、朝の五分間の運針を義務づけている女子校があります。入学当時は、親から時代錯誤だと批判の声が上がるそうですが、他人のやらないことへの挑戦が、これからの生徒の生活に自信を与えることになることを理解し、その指導方針が応募者を集める一因になっている学校もあるのです。

子どもの生活や体験のなかには、思うようにいかないことが出てきます。そのような時には、問題解決のための親や教員の知恵を伝えるのではなく、子どもと一緒に考えてあげることです。あなたは、「どのように考えているの?」「どうしたいの?」と。大事なことは、正解を出すことではなく、子どもがどうしたらよいのか方向性を見出して、子ども自身に考え、実践させ自信をつけることが大事なのです。子どもの周りで起っている問題ですから、子ども自身充分思考できることだと思います。ひょっとしたら、すでに子ども自身考えていて、親や教員に確認のために聴いている場合もあると思います。時間がかかりますが、その関わりこそ、これからの社会に耐えられる生き方の指導になると思います。

② 子どもの居場所づくりを支援して

子どもの居場所に関する問題は、学校という子どもを預かる立場から、充分考えておかなければならないと思っています。中学生になると親の行動として見られるのは、子どもの主体性を尊重してどちらかというと放任してしまう家庭と、逆に、男の子の親に多く見られる親の心配がそのまま子どもにぶつけられ、過剰な関わりをする親の傾向です。未だ自律する習慣のない子どもに、もう中学生になったのだからと言われても、子どもはよちよち歩きの中学生です。そこで放任されても、自分に都合のよい時は自分の思い通りに生活しますが、思うようにいかない時には支えになるものがありません。また、期待過剰で失敗しないようにと日々監視されながらの子どもも、なぜ、もう少し自分を信じて自分の思うようにさせてくれないのか。とりわけ、中学一年生の終わりから二年生になる反抗期と親の態度が重なると、子どもの居場所がなくなるという現象が見られることは、教員である先生方は常に感じるところだと思います。

しかし、この問題は、家庭の問題だと判断して、子どもにも親にも支援の手を差し伸べることはあまり聞きません。ところが、当の子どもにとっては、思春期の一大事であるわけです。

こうした親や子どもからの相談はなくなりません。中学生活の基礎づくりの時期に、子どもは悶々として家庭にも学校にも心の休まる居場所がないのです。保護者会で、お父さんの出番ですよと言っても、お母さんのうしろについていくお父さんが少なくありませんから、問題は解決できずにいます。思春期の子どもの心の安定を支援するためにも、教員の出番だと思うのです。中学生のいちばん嫌う親の言葉は、「ああしなさい、こうしなさい」という転ばぬ先の杖、あるいは「勉強しなさい」「がんばりなさい」ですね。思春期の心の葛藤を抱えている子どもたちなのですから親子関係の実態に、教員が目を向ける必要があるのではないかと思うのです。

思春期にごく普通の子どもが、非行や反社会的な行動に出る場合があります。世間からは、あんな良い子が問題を起こすなんて、という事件は一九八〇年代から少なくありません。親に関心を持ってもらいたいという意識で非行仲間に入ったり万引きをしたり、口うるさい親に反抗して家出をしたりというケースは、子どもの居場所の問題ではないでしょうか。この時期の子どもは、親や教員から受け入れてもらいたい、自分を丸ごと認めてもらいたい、という意識が強いと思います。それは、この時期が子どもにとって、とても不安定な時期だからです。子どもに心の安定した中学生活を送らせるのも教員の役割だと思います。

親の過保護や過期待に悩んでいる子どもの親に、いつも送る言葉があります。参考までにあげておきます。

・お宅のお子さんは、先生、友だち、先輩、クラブの仲間など多くの人に育てられています。

・親がそれほど心配しなくても、子どもは自分で考えて生活していますよ。

・ただ、親は子どもの生活をしっかり見ていること、観察していることが大切です。

・中学生は、子どもから少年、少年から青年へ成長する時期です。子どもへの口出しは、子どもに聞かれた時に丁寧に答えてください。それも親の答えを押しつけないで、「まず、あなたはどのように考えているの」と問いかけてから。

・親の役割は、子どもがいつでも相談できる環境、雰囲気づくりをしておくことです、と。

子どもは、自分で育つ力を持っています。しかし、何か必要な時に自分を支えてくれる確かな人や居場所が必要だと思います。目をかけてくれる人、心をかけてくれる人がいることが、子どもがのびのびと自主的、主体的に生活し、豊かに自己形成していくのだと思います。それが、自己の自信につながり、子どもが満足できる学校生活を送れることにつながると思います。

第5章　子どもを育てるための仕掛けづくり

1　子どもを育てる「気づく力」

思春期の子どもは、現代のように利便さや物質に恵まれた生活をしていても、学校生活を送るうえで、多くの不安を抱いて生活しています。現代社会の教育で問題になっている中1プロブレムや学校に行けない引きこもりの問題、多様化している社会で、どのように生活し、判断したり選択をしたらよいかに迷って、社会生活に不安を感じている子どもも少なくありません。

そこで、子どもを預かる教員として、その背景にある子どもの人間関係力、社会人力を育てるための教員の役割について、つまり、授業はもちろん、ホームルームなどの学校生活を通して人育てをする指導の基本についてまとめてみたいと思います。

①　子どもを育てるための資質

子どもたちを預かる教員にとって必要な資質としては、授業で知識を教えるだけでなく、自分の児童・生徒に何が足りて何が足らないのかという「気づき力」が必要になります。

とりわけ、現代の子どもに共通して必要なことは、個性化の時代ですから、子ども一人ひとりに関わるうえで必要なことは何か、日頃から子どもの生活行動とその背景を観察していなければなりません。

１９８０年代になって、ごく普通の家庭の子どもの非行や躾上の反社会的な行動や非社会的な行為が目立ちだして、問題が起こってからびっくりさせられることがよくあります。家庭だけでなく学校でも、子どもの内面的なものが分からずに生活していることが感じられます。子どもの内面が分からないために、よく思春期の子どもが親に向かって、「お母さんは、何も分かっていない」ということを言われたお母さんの話を聞きます。親は、一見子どものことは分かっているつもりですが、子どもの立場に立つとそうではないことが多いのです。つまり、親は、子どもが見えていないということになります。

学校でも子どもの生活意識を理解しなければ指導はできません。そのために中学・高校の教員でも、できるだけ子どもと接して子どもに目を向け、子どもの内面を理解しようと努めていますが、教員にとって子どもを社会で通じる人として指導するためには、まず教員の資質として「気づく力」を高めておく必要があるのです。

教員にとって気づく力を高めるためには、子どもを取り巻く環境に多くの関心を向けることが必要になると思います。子どもは、社会の影響や家庭環境の影響を受けて育っています。そうした状況のなかで、思春期に共通した不安や悩みを持っていることが観察されます。例えば、一人っ子で育つ子どもが多いなか、友だちが欲しいけれどなかなかできない。自分にとって友人って何だろうか。難関中学や高校に入学しても学習についていけない。どうしたら点数がとれるだろうか。クラブ活動に参加したいが、仲間とうまくやれるだろうか。クラブ活動と勉強の両立の問題など。中学という新しい生活を始めて人間関係がうまくいかずに悩んでいる中学生や高校の新入生は、どこの学校にもいるのは、いまに始まったことではありません。しかし。現代社会は大学生ですら、円滑な人間関係ができずに悩んでいる学生も少なくありません。

②「気づき力」で子どもの観察を

よく「笑顔で明るい子」には注意を、と先輩の先生に指導されたものです。思春期の子どもは、自分自身と葛藤しながら自己を構築していくのですから、常に明るいというのは心配だということです。ですから、子どもが何か問題を抱えていないか、子どもがいつでも相談に来られるような環境と関わりを持っていることが教員には大事なことになるのです。子どものなかには、少し話を聴くだけで済む生徒と、じっくり話を聞いてほしいという生徒とがいます。教員が一人ひとりの子どもの求めていることに応じられると、子どもが納得し教員との信頼関係が生まれることにもなります。子どもは、先生が自分のことをよく見ていてくれる、必要な時にはアドバイスをしてくれる、という安心感を求めているのではないでしょうか。そういう関係こそ子どもと先生の距離が近いということになるのです。子どもと教員の良い関係をつくるためにも、教員は、子どもの観察が必要になります。そのためには、家庭から預かっている家庭調査書を書類棚にしまっておいて、子どもが問題を起こした時だけ取り出して見るというのではなく、事前に丁寧に把握したうえで生徒の性格や日常の生活行動、指導課題に対処することが必要だと思います。

2　子どもを育てる「演出力」

役者を育てるのは、演出家です。役者の性格や行動の特徴に目を向け、役者が潜在的に持つ才能を引き出すのが演出家の役割です。それと同じように子どもの成長も、親や教員の演出次第で変わります。親はなかなか変われませんが、担任が変わると生徒やクラスが変わるとよく言われるのです。

思春期は、子どもにとってなかなか思うようにいかない時期です。勉強やクラブ活動も一生懸命に努力しているが、うまく結果が出ない。友だちや先生との関わり合いについても自分の思うようにしっくりいかない。現代は、コミュニケーション時代と言われますが、人間同士お互いに気持が通じ合い共感することが生まれにくい、風通しのあまりよくない社会状況です。家庭でも社会でも職場でも、お互いに教え合ったり相談したりという、人間の心や行動の調整を図る機会が欠けてきているのでは、と考えられます。その結果、親や教員による社会の約束事や躾と言われる、円滑な生活を営むための関係づくりが必要になり、コミュニケーション時代と言われるのだと思います。

①　子どもを育てるための仕掛けを

そこで、子どもには、家庭や学校生活を通して人との関係や、社会生活のための行動に必要な知識と体験を学ぶとともに、子どもの人間力を育み、高度な社会性を培っていかれるよう仕掛けが図られなければならない。それが親や教員の演出なのです。子どもの学びは、生活を通してより高い人間力や社会性を身につけ、その子どもらしい生活が営めるよう支援することなのです。現代社会が、人間関係がなかなか分かり合えず、人間の共存や情報の共有がうまく機能していないといわれる理由は、相手を活かすこと、相手のモチベーションを高めて相手を活かすための演出力が脆弱になっているから、と言えないでしょうか。

例えば、自己の弱点や課題を承知している子どもは、少なくありません。でも、自分の思うようにいかないことが分かっていても、対応できない。そのような子どもに、弱点を直接的に指摘して「ああしなさい」「こうしなさい」と指示しても改善するでしょうか。どうして意欲が出ないのか。やる気はあっても方法が分からないでいるのか。何か改善できない理由があるのか、などについて子どもの話を聴くことも必要かもしれません。

教員にとって授業技術は大切なスキルですから、授業研究は常に対応していなければならないことです。それに対して、子どもの生活を支える意識への支援は、どのように認識されているでしょうか。これは、生徒の授業や勉強に対する効果を高めるうえでとても重要なことだと思います。学習力の高い子どもの声を聞きますと、自己の生活意識を高めうまく生活するには、共通点がみられるのです。

例えばメリハリをつけて勉強し、常に周りに「アドバイスや相談」する人がいた。その人の話（雑談）や相談がモチベーションを上げてくれた。自分の「勉強の仕方」、すなわち、今日はこれだけ勉強するという「学習の目標」を設定して「段取り」を決め、集中力を高めた。先生から「ノートの取り方」を学び、自分のミスノートをつくって自分のミスの傾向をつかみ、ケアレスミスを少なくした。応用力をつけるためには、「基礎基本の修得」が必要と指導され、基本事項を早めに習得した。その他受験勉強についても、受験は川を逆に泳ぐようなもので「苦しいのは当たり前」、どんなに成績に変化があっても、自分の目標や夢を思い起こして自分のペースを守った。今回間違えたところは、次に出題されるかもしれないからできるようにしておく、ということなどです。

このように自己の勉強を支え勉強の成果を生み出すには、それなりの生活や習慣があると、多くの生徒が教員の演出を指摘しているのです。教員の役割として、授業の準備とともに、生徒の生活面を支える支援こそ学習面を伸ばす基礎になっていないでしょうか。これらの指導は、教科の授業のなかで、あるいはホームルームなどで生徒に話されているようですが、いずれも子どもを元気に育てるための言葉掛け、子どもを育てる仕掛けになっていないでしょうか。生徒が一人ひとり自分の生活を考えたり、行動するうえでとても重要な関わりである、と同時に教員も人間として成長する機会になっていると思います。

3 成熟社会での生徒の自律

モノや情報があふれるなかで、子どもを大事に育てようとしている成熟社会は、なかなか子どもの「自律」が育ちにくいと思います。ましてや子どもの数が少なくなれば、親としては自分の生活は我慢しても、子どもにだけは不自由させずに生活できるようにと考えてしまいます。最近では、子どもが思うように生活できるよう母親が子どもの問題点を先取りして、子どもが失敗せず、思うようにいくよう子どもの問題を先まわりして解決するような、いわゆる「カーリングママ」と言われる母親や、前述の「子どもにやらせない症候群」の母親が増えてきて、子どもの自律を阻んでいるケースが報告されています。その結果として、子どものなかには、自分のことを自分で考えたり、試行錯誤しながら行動するということが不得手になり、社会生活でのモラルやルールなどのケジメを学ばずに学校に入ってきます。多くの親にとっては、それが子どものための面倒見だと認識しているのです。

①　子どもの生活の基本は自律

毎年、学年の始まりには、生徒に「挨拶をしましょう」と生活目標としてスローガンを掲げる学校が多いと思います。それは、挨拶だけでなく、人間同士のふれあいや相互の理解のための根本的な問題が育まれず、多くの人との関わりを通して自己を活かし生きるための人間関係の構築に影響が出ているからです。現代社会では、学校の役割として、挨拶だけでなく学びに向かうための基本を、子どものための生活指導として丁寧に扱わなければならなくなっているのです。

例えば、前にも出てきましたが、子どもの能力を発揮させるための時間の使い方や段取り力です。現代社会は、時間もカネも情報も過剰と言われるほどに溢れています。しかし、時間があっても時間の使い方が育っていません。カネの儲け方は教えても、その使い方の指導をするでしょうか。あるいは知識や情報を持っていても知識の活かし方が分からないという報告は、少なくありません。こうした子どもの背景には、子どもの生活習慣や学習習慣づくりに対する認識が、意外と親や教員に希薄だからです。勉強とクラブ活動の両立といっても、両立の指導はなされているでしょうか。試験に臨むための段取りの指導は、どうでしょうか。「何をするか」という指導はあっても、それをどのようにするかという方法の丁寧な指導は、案外見落とされているように思います。

生活指導でさらに重要なことは、多様化という落し穴です。何でも認められる雰囲気ができています。しかし、子どもは、何を基準に選択したらよいのでしょうか。多様化社会では、子どもたちは自分の好きなものを選び自分が感じたことをそのまま発言しています。自分の意見を主張するためには、いろいろな情報を手にし、いろいろな考え方を受け入れて検討し、それが自分にとってどのように関係するか、他者に影響を及ぼすのか、自分の考えを自分で納得できるような指導が必要になります。子どもには、自分で判断するための情報分析や体験が必要になります。考えることとは、一人で勝手に思うことではありません。他者との関係で自分はどうしたらよいかを分析することです。他者や社会と関わらずに一人で考えていれば、結局、その考えは独善に陥ったり、独りよがりのものになってしまう危険性があります。多様化社会のなかで、自分で判断したり決断することができるようになるためには、親や教員から良質の判断材料や決断の基準を指導されていなければなりません。最近の子どもは、自分で考える力が足りない、決断力が弱いという言葉を聞きますが、言うのは簡単です。子どもの生活の仕方が未熟だと言われる社会だからこそ、子どもの背景を理解して具体的な指導に当たることが、現代社会の人育てという生活指導の教育的対応になるのではないでしょうか。そのためにも、良質な知識や情報、あるいは体験を用意していろいろなことに気づかせ、その高い気づきを検討して、自己と他者が納得できるような考え方を生み出す対話をすることが、子どもにとって考える力を習得することになると思います。

② 本物の生きる力、生き残る力を

子どもが生活している社会は、情報があふれて何でもできるという環境です。いわば、自己中心的な雰囲気のなかで、子どもは生活しているのです。そこで、親や教員は、情報化社会における生活指導の工夫が必要になります。例えば、指導者は指導のための情報を理解し、管理することも必要になるでしょう。ネット社会での教育的対応ということです。

子どもの情報収集能力を育てるということに加えて選択能力の指導も現代の生活指導に入ります。

日常であれ、非日常の生活であっても自己を守り、自分がどのように対応したら自分が活かされるかに気づき、考え行動できるように導く支援をすることが、現代社会の指導の重要な要素になると思います。子どもの生活に関する指導は、子どもがどのような社会であっても自己を活かした生活ができるように、自己の「生きる力」を意識させておくことです。

そのためには、子どもに自己の魅力・特長を認識させて、納得する生き方を指導する必要があります。子どもの生活する社会は、不安定で見通しのできにくい社会ですから、不確実社会での行動指針を考えておくことも重要になります。つまり、他人との違いを生みだすために、自分らしさを育むための自尊感情を育てておくことです。

これからは他人と同じ生活をすることが難しい社会状況になっていきます。そのために、他人と同じ生き方が幸せなのか、自己を知り、他者と共感し協働できる生活鍛錬が必要なのです。社会のなかでの自分づくり、他者を受け入れることと許容の判断なのです。これからの子どもの生き方は、教える時代から子どもと一緒に考える時代です。そのためにも、教員の生き方の認識が重要になり、教員の生き方から子どもに何を気づかせ考えさせるかということになると思います。

③　豊かな人間関係づくりのための気づき力・気配り

社会人として子どもの人間力を高めるためには、教員の高い意識と生き方に対する質の向上が大事なことになると思います。社会での出来事を手本にして、子どもを活かすために便利な社会のリスクに対しての危機管理です。なかでも、注目しなければならない視点は、他者との関係づくりです。子どもが他者との豊かな人間関係づくりができるように『気遣い・気配り』とその意味を子どもに理解させておくとよいと思います。

気遣いとは、相手のことを考えることです。また『遣い』の意味は、自分の想いを相手に伝えること、心を働かせることです。個人の意識が強くなっている社会ですから、時に生活しにくくなっています。そこで、とりわけ、子どもの指導に気遣いをして、子どもの様子を見て状況を察するように子どもの心情に寄り添うことをしたらよいと思います。

気遣いには、どんな意味（効用）があるかというと、気遣いのできる人は周りから好かれ、相手から話しかけられやすくなります。そうすると、いろいろな情報が集まってきて周りの人との人間関係が良くなり、時に仲間に誘われたり、自分が大変な時には協力してもらえるようになり、仕事も進むという付加価値も考えられます。気遣いのファーストアクションは、何といっても、「挨拶」でしょう。挨拶の意味は、あまり問題になりませんが、相手の求める気遣いに気づくためでもあり、相手を知るための手段にもなります。どのように相手と接するか行動の判断材料を得るためでもあるのです。従って、挨拶は自分から先にした方が良いのです。後からでは、返事になってしまうのです。豊かな人間関係をつくるためにも気遣いのできる関係づくりをしたいものです。子どもには、気さくで明るく、話しやすい人を目指す指導をしたいものです。

4　生徒が育つ教員の高い意識

学校というところは、同じような子どもの問題が起こる場所です。同じ学年や子どもの発達に応じて、生活指導の問題が起こることがよくあります。そのたびに、同じ問題を繰り返してモグラたたきのように子どもの指導をすることになります。それでは、問題が起こってから指導が行われることになりますから、対症療法としての指導になるわけです。もちろん、予想ができない問題については、対症療法としての指導もやむを得ませんが、子どもの発達過程で起こってくる問題は、学校のなかにいて他のクラスや学年の指導に注目していれば、生徒指導の問題も事前に把握できることです。自分のクラスや生徒は、同じ問題を起こさないと思っていれば別ですが、人の振り見て自分のクラスや生徒への事前指導をしておくことができるのです。それが、子どもを育てる教育的な生徒指導ということになるのです。

例えば、中学・高校の一貫教育の学校で、生徒の発達に応じた教育的課題を整理してみると、次のような指導が事前になされる必要があると思います。次にまとめた教員による思春期の指導内容の理解は、この時期の保護者支援のための関わりにも、とても重要だと考えられます。

① 子どもの発達に応じた生徒指導

まず、中学1年（1年生）では、6年間の基礎づくりの時期ですから、預かった子どもの生活全般の把握についてです。新たな集団のなかで他者を認め、自己を受け入れてもらうような人間関係や社会人力を高める支援の再確認をすることです。具体的には、小学生とは違った生活習慣（自律・時間の使い方・段取り力）の指導を通して、それを習慣化することが課題になると思います。これらの学習が、のちに教科という学力の習得・生活意欲にもつながることを考えて、折に触れて繰り返しじっくりと支援しておきたいものです。

次に中学2年（2年生）では、多くの生徒が反抗期を迎える時期です。とくに、男の子の親にとっては、突然やってくる我が子の反抗にびっくりすることが多いと思います。反抗期とは、「はしか」のようなもので、子どもは、一度は体験しなければならないことです。ちなみに反抗期とは、「自己と対峙して自己の振り返りをしながら自己形成する時期」ですから、この葛藤をうまく乗り越えられるように、親と教員が共通認識を持って温かい目で子どもを支えることが、子どもにとっての思春期の大きな課題になります。ことの善し悪しを決めつける前に、子どもは自己の性格や考え・行動と葛藤しているのです。子どもを受け止めることが必要です。

子どもは、親や教員の力だけで育つのではなく、同級生や先輩を見て学んでいます。親は、何かあったら子どもが相談できるように、「どうしたいの」、「大丈夫よ」という受容のスタンスで子どもを受け止めていたいものです。その方が、子どもの反抗期が軽く済む場合が多いように感じられます。

反抗期を、よく強風のなかで凧を揚げているようなもの、と例えられます。風が強くなった時に凧の糸を強く引くと、糸が切れて凧はどこかへ飛んで行ってしまいます。子どもが、約束やルールを無視したり、非行に走ったり、家出してしまうというような事例の背景に、よく親の厳しい関わりがみられます。反抗期になった男の子の母親が、自分にできることはお昼のお弁当づくりだけだと担任の先生から助言され、その後の高校生活では毎日黙ってお弁当づくりを続けた結果、高校卒業時に子どもから「お母さん、いままで毎日おいしいお弁当をありがとう」と言われ、男の子の育て方の難しさと子育ての感動を味わわせてもらったという話を、伺ったことがあります。

また、中学3年（3年生）では、中高一貫校にあっても、義務教育終了の学年です。社会へ出るために足りない、他人と触れ合うための人間力や社会人として受け入れられる力（気づく力・判断する力・行動する勇気・問題に前向きになるような考え方）の総点検をする指導をしておきたいものです。自分の歩んできた生活の見直しをしながら、これから巣立つ社会に熱い眼差しを向け、社会での自己の役割と働くことの意味を考えさせる時期です。つまり、ホームルームや学校行事だけでなく、教科を通して行われる「キャリア教育」です。中学を終えた時、自分は「なぜ、高校へ行くのか」、社会のどこで自分の役割を果たせるか、社会での居場所探しをしながら自分を磨かせ、自己の振り返りをさせたいものです。

さらに、高校1年（4年生）になったら、友だちが高校へ行くから自分も高校へ進学するのではなく、自分の人生を豊かに送るための自分の特長を探し、それを活かす「学び」についての指導をしたいものです。子どもは、先の見えない社会に出ていくのですから、不安のなかで生活しています。多様な生活体験と思考が、子どもにとっての自信につながるのです。子どもの将来については、できれば親が子どもと一緒に考えていきたいところですが、この時期、子どもの多くは、親よりも友だち優先の生活になりそうです。子どもの自律のためですから、親にとって少し寂しいことですが、相談されたら答えるというように、子どもの言うことを丁寧に聴いてあげることが大切です。せっかく、子どもが親を頼ってきているのですから、決して「あなたの人生だから、好きにしたら」という、もの分かりのよい親にはならず、子どもの話をよく聴いてあげる親子関係を持ちたいものです。そうした親子関係のあり方への支援は、やはり教員の役割です。

この時、将来の夢がはっきりしていても、何から勉強したらよいか迷う子どもも少なくありません。教科力がついていない子どものことです。教員は、子どもの夢をしっかり確認して、子どもの足りないところを教科指導することです。ですからこの学年までに、できるだけ不得意科目をつくらないような丁寧な教科指導をしておきたいものです。子どものなかには目標ができると、とてつもない力を発揮する生徒がいますから、将来何をしたいかを意識して会話ができるような学びをさせておきたいものです。

高校2年生（5年生）では、学校の中枢学年の生徒としての不安や悩みを持つ時期です。学校行事やクラブ活動を通して成長するための葛藤があることを、とりわけ、教員が認識して、子どもの支援をしたいものです。また、この時期は、将来の進路を考えなければならない、という悩みが生徒の課題になります。親の時代とは違って、不透明で多様な社会です。ましてや、何でもできる社会ですから、目標探しに悩む子どもは少なくありません。親世代の時とは違って、あれもこれもやりたいと、子どもの関心は多様だと思います。社会の動きがそうなっているのですから子どもの考えを受け止めて、子どもの目標のなかから優先順位を決めて目標を絞っていく指導も、一つの方法です。子どもによっては自分のやりたいことが多く、進路を決めかねている生徒もいます。一つのことに絞って、集中して勉強した親の世代とは考え方が異なるのです。子どもの将来は、副業、転職を余儀なくされる社会なのですから当然の発想です。

大事なことは、子どもの将来を考えて、生徒のできること、生徒のやりたいこと、さらに、生徒のやらなければならないことを話し合い、自己の目標に向かえるような相談にのることです。決して、いまの成績で入れる大学探しではありません。子どものなかには、この時期になって、もっと勉強しておけばよかった、と後悔する生徒が少なくありませんが、親も教員もその気持ちを受け止めて、子どもに寄り添い、いまやらなければならないことを支援してあげると、生徒の意欲は高まります。何をどのようにどのくらい勉強したらよいか、具体的に相談し支援してもらいたいのが、子どもの気持ちだからです。

中学1・2年の時の自律や時間の使い方、段取り力の習慣化が、ここでものを言うのです。中学生活の入口が大切な理由です。ですから、子どもの支援は、6年を展望して子どもの成長に応じた課題をよく見極め、支援することが重要なのです。当然のことですが、受験科目の指導には、理解度に応じた段階的、具体的な支援をしたいものです。

最後に、高校3年（6年生）は、大学受験に向けて入試科目を勉強する学年になりますが、主として心の関わりです。受験は、マラソンと同じように長い生活ですから、ただ時間をかけるのではなく、集中して時間を使わせたいものです。「できるようになること」が大切なのです。

そのためにも、模擬試験などで何点取れたかだけでなく、分からないところ、できないところをチェックさせ、少しでも分からないところを少なくする学習をさせたいものです。教科の出来・不出来は本番の入学試験で良い点数が取れればよいことです。いつもと同じ顔をしている子どもにも曇りの日や雨の日もあります。いや、受験勉強は思うようにいかない日の多いことが当たり前なのです。その時々に、子どもが頑張れる心のケアを求めているのが、大学受験に挑戦している生徒の心理なのです。

それとなく子どもに寄り添ってあげることです。親や教員による「やるだけやればいいじゃないの」「がんばっているね」と、子どもの現状を認める言葉が子どもの心を癒します。そうすれば、6年終った時の子どもからの贈り物は、きっと、「ありがとう」という感謝の言葉がもらえる関わりになるのではないでしょうか。

思春期の親子関係は、とてもデリケートです。子どもは不安や悩みを抱えながら、将来の生活の基礎づくりをしなければなりません。親は、子どもが可愛いものですから、とかく期待が膨らんでしまいがちです。ですから、子どもは、親に相談し難いのです。

教員は、親子関係が円滑に行くような生活指導をすると同時に、親の子どもへの関わり方を支援する役割を担ってあげてほしいと思います。子どもはいろいろな環境のなかで育ちますが、子どもが元気に明日へ向かって前向きに生活し、自己の育ちを確認しながら少しずつ自信が生まれるような仕掛けを、教員と親の関わりで育てたいものです。

第6章　子どものための広報を

1　学校説明会の実態

学校説明会が受験生の親の間で注目されるようになったのは、ゆとり教育が始まり私学へ風が吹き出した頃だったと記憶しています。それまでは時折、塾まわりをしながら自校の紹介をさせてもらい、あとは、自分の学校で年に数回学校の説明が行われていたと思います。ゆとり教育の始まりによって一部の塾や親から、難関大学に入れるためには、それに見合う教育内容と施設を持っている私学へというふれ込みで、塾主催の学校説明会が増えだしました。現在では、塾による説明会はもちろん、私学協会主催のものや地域、あるいは学校間のグループで説明会や相談会が企画されるようになり、その数も相当の数になっています。

①　親が学校説明会に参加して

そこで、親がいろいろな私学に足を運んで学校の説明会を聞いた感想を、整理してみたいと思います。まず、いろいろなアンケートに共通して出てくる親の感じた説明会の良いイメージについてです。

・現代社会にあっている教育理念で素晴らしい。

・子どもを預けて安心できる内容でした。
・親しみが持てる説明会。
・校長の話が熱く、教育に対する熱意が感じられた。
・子ども目線の説明で、とても分かりやすかった。
・質の高い教育が受けられる感じがした。
・自律心を育ててくれる姿勢を感じた。
・生徒と先生の関係が近く、楽しそうな感じの学校。
・どのような子どもを採りたいのかが分かった。
・指導の結果としての卒業生の話は、良かった。

これらの親の声は、校長や教頭、あるいは広報の先生による学校の説明が、受験をしようとしている親に伝わっているということだと思います。

反対に、説明会に行って親の感じている悪いイメージについてです。

・校長の話が長い。
・生徒の様子が感じられない説明会。
・学校の自慢をしているかのような説明だった。

・宗教色が強く感じられた説明会。
・無愛想な先生の説明と対応で、質問に応える姿勢にも熱意が感じられない。
・大学進学実績中心の説明で、学校生活の中味が分からない。
・校長先生は人間教育に力を入れていると説明されるが、生徒も先生も挨拶をしない。
・学校案内に書いてあることを説明しているだけだった。
・事務の窓口の対応が良くない。

これらの親の声は、学内にいるとなかなか感じられないものですが、意外と説明会の会場で多くの親が感じていることのようです。こうした親の声を受け止めずに説明会を何度開いても、入試当日の出願者は増えないのではないでしょうか。

② 塾長から見た良い学校

学校説明会に関心を向けているのは、親だけではありません。子どもや親が私学を選ぶにしても、やはり塾の先生の推薦や紹介が影響すると思います。塾の先生方は、日頃から各私学をまわって学校の様子を聴いたり、塾を巣立った子どもが、塾に顔を出した時に在籍している私学の授業や行事、先生の特徴などを聴いて各私学の情報を集めていますから、親よりもよく私学の情報を持っているのです。そこで、子どもを指導している塾に選ばれ喜ばれる学校説明会について、多くの塾長の言葉を整理してまとめてみました。結果から述べると、塾が子どもを私学に紹介したいと思っている学校とは、その私学を紹介して子どもや親によかったと喜ばれる学校です。それは、子どもを受け入れたあと、子どもを伸ばしてくれる学校であったり、子どもや親が満足する指導内容を持っている学校、子どもの将来を考えて指導してくれる学校、さらに、親の子育て支援をしてくれる学校などがあげられます。

そして、各塾長があげる子どもや親に喜ばれる説明会とは、具体的には次のような特徴にまとめられます。

・各私学の特徴である「らしさ」が、希薄になりつつあるのではないか。どこの学校でも、大学への進学の話が中心になり、自校らしさが出てこない。この「らしさ」をきちんと理解させてこそ、塾が親や子どもに推薦できる学校になる。一般論ではなく、「その学校として指導していること」を具体的に語ってほしい。

・学校説明は、学校案内、ＨＰに載っていないことを語ってほしい。例えば、親や子どもが知りたいことは、学校行事やクラブ活動を行っている時の生徒の表情や授業での様子、学校での友人関係など、そこに学校の特色がみられるのではないでしょうか。パンフレットの行間にある学校のよさを知りたいと思っている。
・塾生を紹介するための学校の特色を知りたい。具体的にどのような指導方法をとっているのか先生と生徒の関わりなど、学校の雰囲気がどんな塾生に合うかが分かるような説明会をしてほしい。あるいは指導を受けている生徒の意識や保護者の評価、卒業生の様子など学校の雰囲気が見える話もしてほしい。
・最近、数字を使って説明する学校が増えつつあるが、なぜそうなったのか数字の背景を説明してほしい。例えば、大学進学率についても、どのように指導した結果、成果が上がったとか、その理由を窺えるような話が欲しい。
・その他、生徒の服装、授業態度、チャイムと同時に授業が始まっているか、などにも関心を持っているが、最近は、校長先生や広報担当の先生だけでなく、一般教職員が学校の指導方針を共有しているかについても注目している。

塾長の意見は、親の代弁者として学校の指導内容に踏み込んだ、とても細やかな内容にまで要求が及んでいます。しかし、親にとっては、この不況で先の見えにくい社会で高い授業料を支払って子どもを私学に預けるのですから、学校説明会に対するこれらのニーズは、学校を理解してもらうためには当たり前の内容かもしれません。私学は、ますます指導内容の「見える化」と、教職員間の指導の共有が必要だということになります。

2　子どもや親の満足感を高める学校説明

私学の立場から言えば、あくまでも学校が主体性を持って子どもを預かり育てるわけですから、建学の精神や教育方針を理解して受験してもらえばよいと考えます。しかし、社会のなかで世間が学校を見る目は、たいへん変わってきているように思います。学校が子どもを選ぶのではなく、選ばれる時代になってきているということです。もう大分前のことですが、ある塾の受験雑誌に学校の紹介コーナーの一部に、お父さんの次のようなコメントが載っていました。「こちらの学校は良い学校です。子どものために合った指導をしてくれれば、授業料が少しぐらい高くてもかまいません」という主旨の内容でした。このお父さんの言葉を言い換えれば、授業料に見合う指導をしてくれれば、高い授業料でも払いますよということではないでしょうか。東京の私立中学・高等学校協会主催の学校説明会でしたが、御三家の一つの難関中学校のブースで学校の様子を聞いていたお母さんが、広報担当の先生に「こちらの学校では、勉強についていかれない生徒はいませんか」という質問をされていました。難関の中学校を受けるほどの子どもであれば、勉強についての心配などはないと思っていたのですが、やっぱり親の立場で考えれば、勉強についていかれるかという不安があっても当然なのでしょう。親は、子どもの将来を先取りをしていろいろ考え心配や不安を抱き、塾長や学校に質問しているということです。もちろん、どこまでお話するかは判断しなければならないと思いますが、学校としては親の質問の背景をよく知って、対応することも必要だと思います。

① 子どもの発達に応じた生活指導の内容を

親の心配や不安の内容から、子どもが中学生活や高校生活を豊かに過ごすために、指導しておかなければならないポイントの一例を上げてみたいと思います。

・「学習を支える生活習慣を身につけることが大切です」……この言葉は大学入試を終えたあと、都立の中高一貫校化した学校の校長先生の話です。多くの都立一貫校の生徒が東大をはじめ難関大学へ合格した要因としてあげていたことは、まず生活習慣として中学1、2年のうちに自分のことは自分でという自律のための生活を、また、クラブ活動は、時間にケジメのある活動の指導を試みた、ということを都立の一貫校の校長先生が共通してあげておられたことが印象的でした。中学・高校生にとって大切なことは、自分がやりたいことをしっかりやれるように生活習慣の指導をされることが大切だということです。

・少子化のなかで生活している子どもにとって、家庭でも学校でも人との関係を学習する機会が少なくなっています。家庭では、とくに男の子にとってお母さんとの関わりが、子どもの葛藤を生む要因になっているように感じます。思春期になると男子と女子の性格や感性が顕著に表れてくる子どもにとっては、友だちとの人間関係につまづくことが少なくありません。多様化している現代社会にあっては、円滑な人間関係を営むための指導も子どもや親が学校に求めていることです。

・子どもの反抗期への対応についても、家庭では対応しきれない問題です。反抗期の背景にある「子どもの親離れ・親の子離れ」という問題も、思春期の子どもを持つ親の共通した課題です。

・中学生になると生徒はクラブ活動の時間を楽しみにしています。しかし、私学の多くは、勉強とクラブ活動の「文武両道」を学校の特色として主張しますが、文武両道のための時間の使い方や段取りの指導が、どれほどなされているでしょうか。また、子どもがせっかく好きなクラブに加入しても人間関係や練習内容で葛藤し、結局、そこでの居場所が得られずにクラブを辞めて大切な時間を浪費している生徒は少なくないのでは、と危惧されます。

以上は、中学・高校の生徒指導の一例ですが、中学校に入学するまでに集団生活の仕方を鍛錬されていない子どもたちにとって、思春期の生活習慣の問題は、親として中学・高校の在学中に心配し悩むことなのです。従って、学校としては、自校での生活指導の一端を説明会に参加されている親に伝えることが、親が聴きたい学校の様子になると思われます。

②　生徒のための学習指導の内容と方法を

前の章で、「分かる授業」をという説明をしました。ここでは、学校がカリキュラムに基づいて指導する、それぞれの教科の指導目的についてお話ししたいと思います。例えば、国語の時間が何時間あるということではなく、国語を通して生徒にどのような力がつけられているのか。国語の目的は、よく理解する力や考える力、表現する力を身につけるためにあると言われますが、その力が社会生活でどれだけ生かされているか。他者の言われることを理解し、自分の意見をどれだけ相手に自分の言葉で伝えられるようになっているのかが問題です。日本人の多くが母国語である日本語を使っています。従って、文章や相手のいうことへの理解力、考えをまとめて発表する国語力をつける指導を再考する必要があると思います。国語の勉強方法が分からないという生徒が少なくないからです。また、英語の力をつけるための語学力と、英語を使ってどれだけ自分の考えを相手に伝えられるようになっているのか。英語は国際社会での公用語と言われていますが、自己の意思表示としての道具を活かせる指導内容についての説明も、さらに求められているのではないでしょうか。最近、「グローバル教育」という言葉が一人歩きしているようにも思います。自分の考えを構築するための社会科や理科の知識も同様です。教養としての芸術も人間力を高めるうえで大切な時間です。

教科一つひとつの内容の説明ではなく、一人の人間として社会人として必要な教科学習が、説明される必要があると思います。週5日という限られた時間のなかで各教科の指導が行われ、成果が挙げられています。その結果、生徒の多くは、たくさんの知識の引き出しを持つようになっていますが、その引き出しの知識を自己の生活にどう活かせるか、その活かし方が分からずにいるようにも思われます。それでは試験のための知識に留まってしまい、自己の知識を使って生活を改善するための知恵は生まれないのではないでしょうか。学校での学習を、より実践的なものにしていかなければ、子どもの学ぶ、いや子どもの生きるためのモチベーションはなかなか上がらないと思います。最近のスポーツ界でも、基礎・基本の練習を繰り返し指導し、それを実践の場で工夫をしてどう活かすか、試合では自分で考え、判断できるよう選手の主体性を重視する指導方法が取り入れられているようです。学校は、社会生活のための基本を子どもに学ばせる場です。その基本を実践に活用できる指導こそ、親が求めていることだと思います。

3　学校説明から学校案内へ

学校説明会の流れを振り返ってみると、目に見えるものの説明から、最近は、目に見えないものの説明に変わってきているようです。例えば、新しい校舎やパソコンなどの設備や施設の説明、有名デザイナーのデザインしたファッション性の高い制服などの説明も、受験生の目を引くことがありました。しかし、それは一時のことで、数年経てばその目新しさも消えてしまうのです。あるいはシラバスの開示もブームになりましたが、シラバスを保護者に配ったおかげで、進度が予定通りに行かない学校では、保護者の不満を生む原因にもなっているのです。学校の指導が見えるということは、ある意味民主的な学校のように思いますが、授業は子ども相手であり生きていますから、必ずしも予定通りには進みません。授業は、進度も大切ですが、子どもが分かることが本筋ではありませんか。

成熟社会に問われていることは、目に見えないものに価値を見い出しているのではないか、と思われます。人が、感性や雰囲気を重視している時代になっているわけです。そうした行動様式の見られる社会ですから、子どもや親の学校選択にも目に見えないところの部分、すなわち、学校の雰囲気や授業、学校行事によって子どもがどのように育っているか、変わったかが問われるのです。さらに、人の生き難い社会を反映して、多様化し不透明な状況でも子どもが強く逞しく生きられるようにと、将来の子どもの生き方まで考えて、中学・高校の選択基準を考えるようになってきているのが現実です。親は、子どもの将来を心配しているのですから、当然の流れだと思います。

①　安全・安心な学校の案内

子どもが少なくなっている社会です。これからの私学にとって子どもの安全という課題は、とても重要になると思います。とりわけ、東日本大震災のあと、交通網が発達した首都圏であっても、家庭から遠く離れた私学への志願者が減る、という影響が現実に見られたようです。公立校のように地域にある学校ならば、いざ緊急事態が発生しても安心だからです。でも、地震のような緊急事態は、常に起るわけではありません。もし、緊急事態が発生した場合には、例えば、通学途中の対応、子どもが学校にいる時の対応、それから下校途中での緊急事態などの対応策、その安全策を丁寧に話しておけば、親は理解してくれるのではないでしょうか。

さらに子どもたちが平穏に生活できるような日常の対応についてです。子どもの課題は、一人ひとり異なりますが、共通して子どもが抱えているリスクへの対応についてです。例えば、すでにふれていますが、子どもの学習問題です。学校は、勉強を教える場です。しかし、どれだけの生徒が分かる授業を受けているでしょうか。分からない授業、分からないまま進級している実態を少しでも改善しなければ、子どもの満足感やモチベーションは上がりません。もちろん、先生方は、授業研究をして教科指導をしていますから、それでも生徒が分からないのは、生徒の努力が足りないと言えるかもしれません。しかし、親にとってみれば、授業料を払って子どもを学校に預けているのですから、自分の子どもを「勉強ができるようにして」と考えるのも当然です。しかし、子どもの勉強の成果が上がらない原因は多様でしょう。とかく、学習方法が身についていないこと、分からないところをそのままにしていること、そのために学習意欲が上がらず悩んでいる子どものいることも見過ごせない問題です。

この授業内容の定着という問題は、現代社会の子どもの生活環境から考えると重要な課題となっています。

最近の、学校評価のアンケートで、教員は分かる授業に努力していると意識してはいるが、同じ質問項目について、生徒は教員の努力を評価していない、という先生と生徒のギャップの結果を見る学校は少なくありません。次章で述べますが、それが親のクレームの要因の一つになっていることは事実です。子どもの人間関係についても、さらに丁寧な指導が必要になるのではないでしょうか。クラブ活動や学校行事でのトラブルの多くは、友人関係の崩れから起こることがよくあります。また、中学から高校に進級すると子どもの生き方、進路の問題が出てきます。これもすでに指導されているでしょうが、進路相談は子どもの適職探しや大学探しが目的ではありません。思春期の葛藤の一つである子どもの生き方相談こそ、進路相談だと思います。最近のカウンセリングが、「人生相談」になりつつあるという、思春期外来のカウンセラーの言葉が注目されます。現代のキャリア教育の課題になります。こうした生徒が共通して日常抱える課題に対応することによって、子どもが安心して平穏に生活し、自己の生活を高めること、それが親の求めることになっているのです。

中学・高校という時期は、生徒がもっとも大きな不安を感じ悩む時期です。学校や家庭は、子どもが安心して自己と葛藤できる環境づくりをしてあげることです。子どもの考えの先取りをしたり、指示を出すのではなく、生徒自身が自ら答えを発見できるように導いてあげることを心がけるとよいと思います。思春期に子どもが抱える葛藤や悩みについては、現場の先生のよく知るところですが、その一例をまとめておきたいと思います。この不安や悩みは、生徒の問題であると同時に、教員の指導課題でもあるからです。例えば、

・忘れ物をしてしまったり提出物が間に合わなかったりすること。
・何かやろうとしても、なかなかやる気が出ない。
・勉強しなければならないことは分かっているけれど、実際にはやれない。あるいはやり方が分からない。
・異性への関心にどのように向き合えばよいのか、分からない。
・マンガを読んだり、ゲームをしたり、テレビを観たり、好きなことがたくさんあって時間が足りない。
・友だちづきあいが多くなって、小遣いが足りない。
・オシャレをしたいけれど、学校の規則に違反してしまう。
・友だちとの関係がうまくいっていない。
・親に勉強しなさい、勉強しなさいと言われて、頭にきている。
・なぜ、勉強するのか、学校へ行かなければならないのか分からない。

・クラブ活動がつまらない、部員同士の人間関係がうまくいかない。
・進路相談をしてもらっているけれど、先のことが見えない。

思春期の生徒の悩みや葛藤の一部ですが、生徒は、たとえ教員が気づかなくても、日常的に葛藤しているのです。中学生や高校生を預かる教員は生徒からの相談がなくても、生徒の心の状態を日常的に理解して教員による仕掛けが必要になると思います。教員の関わりがなければ生徒は変わりません。これらの生徒の生活課題は、私学の教員の重要な指導課題になると思います。しかも、こうした学校の指導と指導内容の案内こそ、親が求めている説明会になるのです。

②　感動を覚える話し方を

子どもの減少時代ですから、私学の経営は難しくなっています。しかし、時間を待っていたら子どもの数は増えるのでしょうか。これからは、常に子どもの減少するなかで、学校の紹介をしていかなければならないのです。そこで広報の基本方針としては、受験生を増やすことも重要ですが、少しでも受験生を減らさないような対策が必要になると思います。つまり、受験生は、「いるのではなく受験生をつくる時代」だと思います。例えば、子どもがたくさんいても、私学の学校に魅力がなければ受験してくれません。これからの広報は、情報の豊富な社会ですから宣伝ではなく、何を広報するか、広報の内容とその伝え方が課題になると思われます。説明会の回数よりも説明会の質が問われる時代です。

まず、説明会での形式、つまり「話し方」ですが、自校の使命について子どもや親の心を揺さぶる話し方が必要になります。例えば、親や子どもを引きつけ、元気にする内容であること。話の内容は、在校生への指導内容を踏まえた子どもを主人公にしたストーリーを使って、親の心の琴線にふれるような話し方をしたいものです。そこで、すでに理解されていると思いますが、説明会での話の具体的な留意点をまとめてみると、体験や経験から次のようなことが、親の心を動かす話し方として、注目されると思います。

・校長や広報の先生は、子どもや親が、自校の何を聞きたいのか、何が気になっているのか、聞き手の求めていることをよく知って話すということ。
・出席者の人数に関係なく、子どもや親の気持ちを観察して、相手の期待に応えられるように、感謝して話すこと。参加者の人数の少ない方が、反応がよく分かって、受験者を掴みやすいこともあります。
・従って、校長や広報の先生は、日頃から親と子どもの様子や葛藤を観察していて、相手が期待していることにふれ、満足して帰ってもらえるように話の展開を考えておくことです。

・できるだけ同じような話は避け、時には、原稿を離れて即興で語れる柔軟さ、会場を和らげ楽しく聴いてもらえるようなパフォーマンスも必要です。

・せっかく会場に足を運んでくれた子どもや親が、会場に来てよかったと思われる大前提は、子どもや親が、この学校を受験してみよう、この学校に子どもを預けたいと思わせることですから、話の内容が聞き手に共感されるよう、情熱を持って話すことです。

以上、これからの私学のキーワードとして挙げられる「安全・安心・感動」を中心にふれてきましたが、子どもや親の意識が変わったり、地域の状況に応じて柔軟に対応しなければならないことは当然のことです。

感動は、期待していることが満たされると高まります。あるいは予期せぬ情報が得られると、人は満足度を高め感動するのではないでしょうか。そのためにも校長や広報担当の先生は、折にふれて塾長や予備校の先生とも情報交換し、子どもや親の期待していることを把握して活かすことが、これからの説明会に必要なことです。最近とみに説明会の回数が多くなっています。説明会の回数よりも、受験者側、つまり子どものニーズに対応する時代です。

4　受験生が「集まる」学校説明会

①　親と子どもを理解した受験生が「集まる」説明会へ

親は、自分の育ってきた生活を基準にして子どもへの関わりを語りますが、親の育った時代と現代の違いはとても大きいと思います。それよりももっと自分の時代と違うのは、子どもの将来の生活です。ですから、子どもにとって一番良い子育ての方法に自信がなくなりつつあります。それは同時に、将来のために何をしておいたらよいか不安に思っている教員にも言えることです。

それはさておき、親は、子どものためのニーズに自信が持てませんから、多くの学校説明会に参加することになります。そして、説明会に参加した親は、なるほどと思って受験してくれるかというと、いま、説明会の時の参加者数の割に応募者が伸びないという現象が起こっているのです。つまり、保護者が求めている子どものためのニーズは、実は親も分からないというのが、本音ではないでしょうか。

そこで、これからの「学校説明会」の性格ですが、学校説明会は、親の気づかなかった子どもへの関わりを気づかせて、親のニーズに振り回されないということ、親のニーズを超えることが必要だと思います。親の満足感の背景を探ってみると、「子どものために、このような指導が欲しかった」「自分の子どもに合った学校だね」というように、親の求めていたものに気づかせることが課題になると思います。

新しいコンセプトを創造した説明会を考えることです。例えば、

・これからの子どものライフスタイルを考えた指導内容を話す。
・建学の精神を根っこに置いた柔軟な価値観の学校生活について。
・親の気づかなかった子どものための欲求実現。
・歴史と伝統を重視し、子どものあこがれや夢を実現する学校生活。
・できなければできるようにする、社会生活での逞しい生き方を創造している学校のシステムについて。

認知度が高く説明会には人数が増えているのに、いざ受験となると選ばれない、という学校の声が増えていると指摘しましたが、その要因の一つは、社会変化と親の意識がつかみ切れていないということはないでしょうか。説明会に伺ってみると、学校のイメージが理解されても

強力なミッションやメッセージが親に伝わっていないことが考えられます。例えば、

・学校の事実を説明するだけで、特別な特色が感じられない。
・他校との差、個性、特質が分からない。
・いろいろ変えているようだが、子どものための魅力が伝わらない。
・社会変化に対応した私学としての価値が感じられない。

そのような説明会は、盛りだくさんの説明や、新しいとはいえ他校と同じような指導を始めているという内容になっている場合が多く、親のアンケート内容を見せていただくと、学校の指導をどんな人（親・子ども）に提供したいのかわからないことが多いことです。とかく、受験生を増やすために、すべての人に共感してもらおうとして、「没個性」となっている感が強く感じられます。

② 親の意識を引き寄せるために、子どもの「学びの場」の内容を

まず、預かった子どもが社会人として生きていかれる仕掛けの点検です。子ども一人ひとり

の持ち味（強み）を活かす指導です。親は、自分の子どもに目をやりますから、親と一緒に子どもの性格を共有することです。学校の指導内容と方向性を確認しようという私学が出てきています。気づく力が育てられている生徒は、学力も高くなります。生徒が、気づき考え表現する力を確認し、授業や学校行事を通して、指導の振り返りと改善を行い、常に、指導の質の向上を図っているか。さらに、人間関係の脆弱な子どもたちですから、対人関係の基本を学び、気の合った生徒との仲間づくりや生徒の特長を活かした集団づくりをして、協力して行動に取り組むような生活、いわゆる団体戦を体験させることも親のニーズにかなうはずです。親は、その指導の過程が知りたいことなのです。

親は、社会生活をしながら豊かで成熟した社会や便利な社会で生活をしながら、多様化社会のメリットやデメリットに気づき、現代社会のデメリットをプラスに転換しなければならないことも考えているのです。つまり、子どもにとって、そうした社会のメリット、デメリットを活かすために必要なものは何かを探している親もいるのです。私学として建学の精神が、生きる羅針盤になる指導は何か。子どもの人間力・生活力を高めるために、自校の「持ち味」が現在も活かされているかを知りたいのです。結局、私学は、その目に見えないところの指導の手間・暇を伝える時代を迎えているのです。

ここで、これからの私学が考えなければならない「学校説明会・相談会」の課題を整理してみます。例えば

・説明会の内容がどれだけ自校の特徴を活かして創造的であるか。

・保護者の考えをどれだけインプットして、保護者の求める学校の情報をアウトプットできるか。

・学校間の差別化をするために、どれだけ親の記憶に残るメッセージを伝えられるか。

・指導内容と指導の方向性を示すメッセージを伝えること。指導内容は、常にバージョンアップして、うまくいかなければ変える意識が必要です。

・保護者のニーズをただ聴くのではなく、子どもを観察して指導の経験を語ることです。それが、感動体験となって親の心をつかむことにもなるのです。

・在校生には現在の生活を、保護者（あるいは代表）からは子どもの学校生活を、さらに、社会に出て働いている卒業生から在学中の指導の結果（意味）について、現在の生活との関係を語ってもらうことも、すでに多くの私学で始められています。

・私学は、誰でも預かって指導しますということではなく、こういう子どもが預かれますと

いう、何でもありますという指導の『百貨店』方式から自校の指導を活かせる『専門店』ないし『セレクトショップ』化を図る時代ではないかと思います。

そのためにも、学内の教員集団は、みんなで子どもの将来（指導）を考える学校づくりをして、受験生を「集める学校」から受験生の「集まる学校」づくりへ変わっていく必要があります。そのための要件として、注目しておかなければならないことは、保護者、生徒、教員が、学校生活の課題を改善する「当事者意識」を持つこと、教員は児童・生徒と、学校は保護者との「対話（コミュニケーション）」を持つこと、さらに、私学にも「相談所」（セーフティシステム）が必要な時代が来ていることも、考えられることです。

第7章

親の理解・協力があっての豊かな学校生活

1　自己主張型時代への対応を

現代社会は、権利の主張や自己の考えを押し通そうという状況が強くなっています。日常生活でも、我慢することよりも自分の考えを主張し、自分の意見を通したいという風潮が見られます。学校へ集まる子どもや親も、自己の考えが正しいと思って生活している人も少なくありません。もちろん、学校という場は、そういう子どもに学校生活を通して集団のなかでの判断力を養うための指導をする場ですが、学校で問題が起こると子どもだけでなく、モンスターペアレントという言葉に象徴されるように、親のなかにも、理不尽な行動に出てしまう方がおられるのも現実です。

そこで、親のクレームをなくすことはできなくとも、できるだけクレームを少なくする学校の対応が必要になります。それは、日常の学校の指導内容を親にも浸透させ、子どもを育てるための協力を得る、親との関わりになります。その努力を通じて親の信頼を得ることによって、子どもが豊かな学校生活を送れるようになるのだと思います。

①　親のクレームを分析してみると

まず、学校や先生に寄せられるクレームはとても多いです。その事例をみると、次のようなクレームが目立ちます。

◎学習面のクレーム

・分かる授業をして。
・厳しい指導をして、逆に指導が厳しすぎる。
・受験のために成績を上げて。
・もっとよい調査書、推薦書を書いて。
・宿題が多すぎる、逆に宿題が少ない。
・子どもができないのは、先生の教え方が悪いから。
・成績一覧を廊下に掲示しないで。
・体育の時間になぜ骨折させた。
・担任を代えて。
・教科担当を代えて。
・もっと進路指導を丁寧にして。

◎非行・暴力などのクレーム
・乱暴な子どもをクラス替えして。
・相手が悪いから、やられる前に手を出したのがなぜ悪い。
・子どもが喧嘩したのは、先生の監督ができていないから。
◎いじめ・不登校のクレーム
・いじめている子どもを転校させて。
・友だちによる無視や悪口のために学校へ行けなくなった。
・生徒指導部の指導は厳しすぎる。
◎その他、学校への苦情
・忘れ物をしただけでペナルティとは。
・なぜ、うちの子をクラブの試合に出さない。
・クラブの顧問を交替させて。
・貴重品がなくなったのに、ろくに調べてくれない、逆に調べ過ぎでは。
・みんな使っているのに、なぜうちの子のスマホを取り上げた。
・家族旅行に行くから学校は休ませる、あるいは学校行事に参加しない。

・インフルエンザで行事を延期（中止）したら、予定通りやって。
・学級閉鎖中だが、うちの子は元気だから試合に出して。
・少しぐらいの遅刻は、甘く見て。
以上は、私立の学校でしばしば親から指摘されるクレームの事例です。

②　親のクレームの背景

保護者である親は、経済的に不況のなかで、しかも数少ない子どもにできるだけのことをしてあげたい。わが子には、誰よりも幸せになってもらいたい、と思って子どもを育てているのです。親は、わが子のためには、身を割いてでも護ってあげたいという時代なのです。従って、親の関わり方によっては、子どもの成長に悪影響を与えてしまうケースも少なくないのです。場合によっては、理不尽な親の関わりによって、子どもの成長を妨害してしまうケースも出てくることを、学校は意識しておかなければならない時代です。そのためにも、日頃学校での子どもの観察と子どもへの指導の理解を、親と情報交換しておく必要があります。学校での指導が保護者に理解されていないと、親の不安が大きくなり学校へのクレームが後を絶たないということになりかねないからです。

親のクレームの背景には、親の不安・不満が見え隠れするという構図がみられます。

2　親のクレーム対策

クレームは、いつの時代でも起こります。とりわけ、現代社会は、自分の思うように生きたい、生活したいことができる成熟社会ですから、どんなに一生懸命に対応してもらっても、自己の思うようにいかない場合にはクレームがつきものの社会です。ましてや、世の中が相手のことを考えて受け止めたり、お互いさまという余裕がなくなっている社会ですから、他者の行為を受け入れたり思いやる気持ちは未熟になります。学校という場は、社会人として未完成で未熟な子どもの生活する場です。従って、子どもと教員、子ども同士のトラブル、親と学校の意見や理解の食い違いによってトラブルが起こるのは当たり前と考えて、教員は子どもや親の不安を早期に受け止めて対応すること、それが現代社会の危機管理になるのです。

①　日常の危機管理の時代

現代社会にあっては、学校にとって子どものトラブルが起こるのは、当たり前という考え方をしておかなければならないと思います。従来の社会状況とは異なる環境で育てられている子どもが、学校に通うようになっているのです。ましてや、子どもの思春期には、子どもの葛藤や子ども同士のトラブルがつきものですし、トラブルは、子どもの発達に応じてどの子どもでも起こすものです。それぞれの学年の担任は、自分のクラスで問題が起こらなくても同じ年頃の子どもは、同じ問題を起こすかもしれないと思って、児童・生徒の指導に当たっていなければならないのです。もちろん、自校の児童・生徒に問題が起こらなくても、他校で起こっている同じ年頃の子どもの問題も、同じように起こると思っていなければならないのです。昔から「人のふり見て、我がふり直せ」という言葉がありますが、とかく、子どもの問題は、子どもの生活環境と子どもの発達に応じて同じような問題が発生しますから、学校による指導の先取りの必要があると思います。問題が起こっても最小に収める生活指導が、これからの生徒指導の課題になると思います。

そこで、子どもの問題が起こらないような日常の危機管理の問題です。このことについては、すでに各章でふれてきていますが、親のクレーム事例をよく見てください。親のクレームの多くが、教員による児童・生徒への関わり方を少し丁寧に、きめ細かく関わることによって避けられる事例が多いのではないでしょうか。危機管理とは、危険の機会への対処ということです。

まずは、中学・高校を中心としたの日常のリスクの管理についてまとめてみました。小学校の校種でも参考になると思います。

日常のリスク管理

《人間関係・社会人力を高めるための対処》

◎授業関係

《分かる授業、学ぶ意欲を高めるための対処》

・授業の教材研究をし、授業の定着を。

・子どもの理解度を改善するための授業の評価（自己評価、他者評価）を。

・授業の教材は子どもが生きるために気づき考える材料を。

・指導を必要とする子ども・保護者を早期発見し、早期対応を。

◎生活指導関係

《円滑な学校生活を営むための対処》

・暴力（言葉や体罰）による指導の禁止を。

・子どもの生活行動の把握と指導を。

・子どもの問題行動を把握し、早期発見、並びに早期指導を。
・社会的動向を把握し、子どもへの事前指導を。
・子ども同士のトラブルの場合は、まず事実関係の確認を。

◎クラブ活動関係（校内・校外）

《生活習慣、生活意欲、人間関係を学ぶために》

・子ども自身が自己を知り、生き方を考える場として。
・練習計画を作成し、点検、指導を。
・施設の安全点検や活動の安全管理を。
・事故の事前防止や事故の事後の対応を。
・部員の活動の把握や部員同士の人間関係の指導を。

◎学校行事関係（校内・校外）

《体験・経験を通して学ぶ力を》

・行事の目的や内容の点検を。
・子ども自身が自己を知り、生き方を考える場として。
・各行事における安全管理や事故防止を。

・危険の予見性を把握し、場合によっては保険等を。

◎**教職員関係**

《相手の気遣いと協働のために》

・教職員の人間関係の把握を。
・教職員の事件や事故防止の指導、並びに研修を。
・教職員の健康や安全管理をして働きやすい職場づくりを。
・施設や設備の安全点検を。

◎**保護者関係**

《子どもを活かすための人間関係の協力・支援を》

・クレームは子どもへの教員の関わり方で変わる。
・保護者のクレームを早期把握し、早期対応を。
・家庭と学校の連携による子どもの指導を。

◎**外部や外来者関係**

《社会のなかの学校を目指して》

・訪問者への挨拶。

・他校で起こった事例から学ぶ。
・外部の人との事故や事件への対応を。
・訪問者の登録、チェックを。
・不審者の早期発見や情報連絡、並びに対応を。

すでに多くの私学で実施されている対応を整理し、クレームが起こることを前提に、日頃の管理・対応をまとめたものです。クレームの多くが、子どもや親の変化を見落としているところから大ごとになってはいないでしょうか。学校は人の集う社会ですから、これらの管理ができていても、それこそ、繰り返し確認して教員同士が対応の共有をしていなければ、問題が発生して実効性は上がらないと思います。日常の危機管理の具体的な対策としては、校長をはじめとして教職員全体による意識、つまり、常に「危険な機会は起こる」という、日頃の危機の意識化の問題になると思います。また、ＰＴＡのような保護者の会のある学校では、ＰＴＡの役員と学校との円滑な連携によって親の多くが抱えている問題について、早期発見し早期に事前対応することも、保護者と学校による学校運営として重要なことです。親の不満が大きなクレームになる前に学校が対応し、問題を小さく収めているケースも少なくありません。

なお、中学・高校の危機管理の課題は、小学校でも事前に対応しておく必要が出てきているように感じています。

② もしもクレームが学校に寄せられたら

人の集団は、どんなに準備していても問題は起こります。とりわけ、子どもの集まる社会では、何が起こってもおかしくないと考えて、生活していなければならないということです。学校としては、子どもの問題が起こらないような心構えと事前指導をし、残念ながらもしも問題が起きてしまった場合の対応について、準備しておく必要があります。クレーム問題の事前・事後の対応ということです。

繰り返しますが、クレームが起こることを予見して日常の事前指導をしたうえで、クレーム対策の組織づくりが必要です。まず、クレーム対策の「カベ」づくりをしておかなければなりません。クレームへの対応のための準備の時間が必要になりますから、担任や教頭を飛び越えて直接校長にクレームが上がってこないように、担任・学年主任に相談するルートをつくっておく必要があります。場合によっては、生徒指導部長（学年主任）に相談し、その後、内容によっては、教頭（副校長）に相談して最後に校長という順番で、問題のクレーム解決にあたれるような組織づくりに、意思の疎通を図っておくことが必要です。

もちろん、用件によっては、最初に責任者の校長が、謝罪の挨拶に出ることも必要な場合があります。クレームのような問題は、相手によって臨機応変の対応が必要です。よく校長が挨拶に出て謝罪をしてしまうと、学校がそのクレーム問題の責任を認めてしまうことになるから、かたくなに校長が出ないようにという学校がありますが、校長が出て謝罪の挨拶をする場合には、学校で子どもを預かっておきながら「こうした問題を引き起こし、お騒がせして」申し訳ございません、という意味で親の前に出れば、子どもの親は学校の誠意を受け止めてくれるのではないでしょうか。その後のことは学年や教頭に対応してもらい、報告を受けるということを親に話しておけばよいと思います。大事なことは、学校の誠意だと思います。

③　もしも裁判になってしまったら

子どもの問題が発生した場合に、親と学校の間で、最悪裁判になることがありますが、その場合には、専門家である弁護士に相談するしかありません。しかし、裁判は、子どものためにも学校のためにも、できるだけ避けたいものです。従って、たとえ備えがあって、裁判に勝ったとしても子どもを預かる学校としては負けることになると思います。裁判になることは、子どもはもちろん、社会に与える影響が大きいからです。

学校で問題が起こると、どれだけ子どもの心を痛めるか分かりません。テレビなどで放映される学校の子どもが、どれだけテレビの放映の陰で小さな心を痛めているか、学校は考えておかなければならないと思います。裁判の判断は、大人の論理です。子どもにとっての問題は、裁判での勝ち負けよりも、学校で起こっている問題から受ける心の葛藤、痛みなのです。ですから、学校は、裁判で勝っても教育では負けることになるのです。

④ もしもマスコミが学校へ押しかけてきたら

最後に、裁判になるような問題が起こってしまった場合に、注意しておかなければならないことは、マスコミ対策です。日本は、学校というところは、聖域の場であるという認識の強い社会ですから、学校で何か問題が発生すると、過剰なニュース扱いをされる傾向があります。商業的なマスコミは、事件や事故がニュースで話題になれば、それで収益が上がります。そのため学校でトラブルが起こると、事実を報道することよりも商業ベースに偏りがちです。そこで、学校としては、ニュースになりそうな事故や事件が起こった場合には、事前に情報を整理し、学校の窓口を一本化してマスコミと対応する事前の危機管理が必要です。そして、その対応の基礎には、子どもの人権やプライバシーを守るという意識が必要になります。学校は、子どもを幸せにすることも大切ですが、子どもを不幸せにしないように、ということも考えておかなければならないのです。私学人としては、ますます日頃の危機管理によってトラブルを防ぎ、事前防止に力を入れなければならない状況にあると思います。

社会の変化にもかかわらず、志願者が減らない学校、増えている学校があります。そこは、日常の危機管理に目をやり、子どもの課題に事前対応して円滑な学校生活を工夫している私学の違いではないでしょうか。私学こそ、時代の変化を追いかけるのではなく、時代を先取りして社会に有為な人材を送り出す環境の整っている場であってほしいものです。

3　子どもを育てる家庭と学校との連携

生活のケジメや躾などのような家庭の問題は、親の責任であり、知識や体験、学習などの問題は、学校の役割という棲みわけが何となくできていないでしょうか。ですから、学校生活でのルールや約束を守らない子どもは、家庭の躾ができていないからと判断されることが多かったと思います。学校での保護者会も、学校の成績の様子を話し、成績が悪ければもっと勉強をさせて、生活態度が悪ければ、家庭の指導に力を入れてください、という話が多いと思います。しかし、いままで述べてきたように子どもの生活環境や背景から子どもの問題を考えれば、親の立場では、子どもの面倒を見てくれるのは、学校ではないのかという考えが出てきます。一日の大半を学校で過ごしているのですから、当然、子どもの指導は、学校に任せるという親も少なくありません。ましてや私学は、建学の精神を基礎に人を育てることを土台として、社会に有為な人材を育てると保護者に訴えているのですから、学校で問題が生じれば、教員は何をしているのだろうかということになりかねません。

①　子どもの成長と親の満足感

親からのクレームが問題になって、保護者対策としてリスク対応をしている学校は、少なくありません。しかし、なぜ、親がクレームを学校へ持ち込むのかを分析し対応している私学は、どれだけあるでしょうか。もちろん、保護者のなかには、子どもの面倒見が分からずに、時に理不尽なクレームや相談事もあるでしょう。しかし、親は、子どもの成長を願って、厳しい経済的な状況のなかで子どもを私学へ通わせているのです。それに対して、学校が親の期待に満足するような子どもへの関わりをしなければ、当然、親の相談はクレームに変化する可能性が出てきます。

現代社会は、社会生活を営む習慣や方法が年々変わり、さらに家庭の経済格差や考え方が多様になり、親の育ち方も従来とは異なってきています。そのために、生徒を預かる教員は、社会の変化を受け止め、自校の生徒の家族構成や家庭の経済状態、親の雇用形態、さらには、親の考え方を理解したうえで、保護者との懇談をし、それぞれの家庭からの協力を受け、また、学校から親への支援がいままで以上に必要になってきているのです。家庭と学校が連携して子どもや保護者の満足度の高い私学は、親のクレームが少ないという報告がみられますが、その理由は、子どものリスクを事前に受け止めて早期に対応しているからなのです。現代社会は、家庭と学校の連携が必要不可欠の時代だといわれる理由です。これからは、学校と家庭の関係、保護者との懇談会のあり方を見直す時期に来ているということです。

例えば、いままでの保護者会は、定期試験の終わった後に開かれることが多いと思います。そこへの参加者のほとんどがお母さんで、母親の会の雰囲気があります。しかも、会の内容は、クラスや学年の行事の報告と終わったばかりの定期試験の成績票を渡して終わりになることが多いのではないでしょうか。従って、低学年の保護者会の参加者は多くても、高学年になるに従って出席率が下がっていく傾向があります。さらに、参加されたお母さんたちは、クラスの懇談会のあと、お友だちになった仲間同士で喫茶店などで、子どもの生活についての情報交換が行われることが多いのです。最近は、母親同士のＬＩＮＥやＳＮＳでの情報交換が当たり前になっています。もちろん、学校によっては、夜の時間帯に先生が出張して地域ごとの「父親の会」を開いている学校もありますが、お父さんの出席は必ずしも多くありません。お父さんの場合は、参加したくてもなかなか仕事の関係で出られない、という意見を聞いています。ところが、クラブ活動の部員の保護者会になると、ほとんどの部員の親が出席しています。こうした会は、勉強の話というよりは、顧問から日常の指導方針や練習内容、試合の様子などの話が中心になり、時に保護者の応援依頼などにもおよび、さらに、クラブ活動の内容だけでなく、子どもの生活や勉強、その他受験など子どもについての情報交換が担任以外の場で行われています。当然、教員と親の交流や親同士の密接な関係ができてくるのです。

こうして家庭と学校の相互の情報交換が多くなると、それが信頼関係づくりにも影響しています。学校の指導も多様化し複雑になってきていますから、学校の教育活動にも保護者の協力が必要です。例えば、進路指導部の企画に、在校生の親や卒業生の応援を受けている学校は、少なくありません。とくに生徒に、厳しい社会で働くということの意味を伝える行事にあたって、生徒と社会の連携のために保護者や卒業生の支援は、私学の大事な財産になります。

こうした機会は、生徒のキャリア教育を担っている教員にとっても、社会に目を向ける機会となり勉強にもなります。また、核家族で自分の子どもだけに目を向けている保護者にとって、子育ての情報交換は、親にとってもプラスになるのです。親のクレームのなかには、自分の子どもしか見えずに、理不尽な要求をしてくるケースがありますが、家庭と学校との間で子育ての情報交換を進める過程で、保護者も自分の子どもへの真の面倒見の意味が理解され、子どもへの関わりが変わることがよくあるのです。

家庭と学校の連携は、たとえ親が学校の指導内容すべてを理解されなくても、家庭と学校の信頼関係が生まれ、結果として安定した指導、子どものための教育ができるようになると思います。学校に対する満足感が、家庭に芽生え信頼の構築のためにも、まずは、学校が家庭との連携のあり方について検討を要する時代になっていると思います。

②　子育ての連携とは、家庭と学校の指導内容を共有すること

従来の家庭と学校の関係は、親が子どもの指導を学校に全面的に任せるという傾向がありました。しかし、バブル経済の崩壊から経済的な面でも社会生活の面でも大きく変化し、家庭と学校の関係が変わってきているように思います。子どもをどのように育てることがよいのか、預ける方も預かる学校でも混乱の状況にあるというのが、実情だと思います。

そこで、子どもの性格や特長を考えながら、一人でも多くの眼で子どもを観察し育てる必要が出てきているのです。社会が不透明で不安定になっているのですから、もはや、平均的な子育てをする時代ではないのです。

最近、大学の付属小学校を開設したある学校では、入学試験の面接の際に親に入学後の家庭の役割と学校の役割について、親の考えをまとめて提出を求めています。家庭から提出されたものが、入学の判定にどれだけの影響があるかはわかりませんが、家庭と学校の考えをお互いに知り、コミュニケーションを始めようというのが趣旨のようです。また、中学校受験では、合格後から入学式までの間にご両親と子どもに対して、校長と管理職の先生が面談を始めた学校があります。入学が決まったご家庭での子育ての方針や育て方、さらに、入学後の学校への期待のすり合わせです。校長先生が親や子どもから直接お話を聴いて、学校でできることと家庭に協力してもらわなければならないことを、じっくり情報交換をしているのです。この席で得た情報は、入学式前に事前に学年主任が知ることができ、入学後の指導の材料にできるのです。入学前に行われる面談は、多くの学校の場合、子どもが入学してから得る情報を事前に得て、指導の先取りになっているのです。入学後の家庭と学校の連携は、多様化の進む時代にはますます必要性を増す対応ではないでしょうか。

③　親を学校理解者にするための保護者対応

保護者の多くは、経済的には豊かな生活をし、両親は高学歴になっています。しかし、いくら高学歴と言っても、急速に変化する社会を迎えて、子どもの育て方については、戸惑いの多い保護者も少なくありません。むしろ、不透明な社会状況にあっては、専門的な知識を持った教員や塾・予備校の先生の知識力に頼ることが多くなります。親のニーズとしては、いくら難関大学から一流の企業へという価値観が崩れてきたからと言っても、やはり、子どもが豊かに生活できるように、という意識はいまだに強く感じられます。従って、学校としての課題は、子どもの将来のキャリアにつなげられる関わりが問われている、ということを認識することなのです。そこで、保護者のニーズを踏まえながら、今後の私学としての保護者対応をまとめてみます。

・入学前から、学校で預かる期間の指導の流れを丁寧に伝えること。
・保護者と学校の考えが合ったところで受験してもらうこと。ひと頃のように、入学前の学校説明会で他校と比較し、優位に立とうとしてあれもこれもとアピールしてしまうと、入学後にミスマッチ現象が生まれ、保護者との信頼関係が崩れてしまいます。指導内容と指導方法の理解と共有です。自校の指導の持ち味をしっかりと保護者に理解してもらうことが大事なことです。

・学校のできることとできないことを、事前に情報交換しておく。

・学校の指導内容を丁寧に伝え、家庭に協力してもらう。

・保護者面談は、保護者と同じ目線で行う。

・子どものできないところより「伸びたところ」を伝えて、子どもの成長を共有する。

・教員は、保護者の不安・悩みを聴く側に回って、親の支えになる。

・これからは、親の不安を聴く担当者を、学年におく必要も出てくる。指導に正解はないことを頭において、まず、保護者支援の環境づくりをすること。

・教員集団は、保護者の不安・悩みから子どもの指導内容を把握・共有をし、時に、カウンセラーなどの持っている教育的情報を借りて指導方法（対応）を研修する。それが、教員の指導力を高めることにもなる。

・教員集団は、日頃から保護者と話しやすい（相談しやすい）雰囲気づくりをしておく。

保護者は、子どもを預けたらどのように成長させてくれるかということに、とても強く関心を持っています。保護者には、学校の指導の目的や意味についての丁寧な説明と理解をしておくことです。従って、保護者には、子どもの生活の結果よりも「過程」の話が重要になり、その指導過程での努力こそ保護者の心を打ち、指導の納得や理解を生むことになるのです。校長や先生方の話を聴いて、保護者自身も入学したいという学校づくりをすることです。

４　個人による危機管理の時代

現代人は、いままで「自分の思うように生きることができる」と思い込んで、うまくいく生活を志向してきました。しかし、長い人間の歴史を見ても分かるように、自分の思うようにいった時代があったでしょうか。いつの時代でも社会の流れの中で、思うようにいかない生活を乗り越えるためにいろいろ工夫をして、常に、自己を活かしてきたのです。

不確実な時代、「生活は、うまくいかない」というところから、社会生活を考える必要があります。そして、不透明なこれからの生活をどのように生きるかという問題については、多様化の社会ですから他人の生き方のなかに自己の生き方のヒントがあるはずです。そして、不安定な社会であるからこそ、社会的基礎力（気づき力・気遣い力・段取り力）が重要な社会になるのです。

さらに、社会で自己を活かすために、いろいろな集団に属している人との重層的な人間関係を持って社会に人脈をつくることが、他人に活かされる準備として必要になるのです。それが個人による危機管理の必要な時代と言われる所以です。そして、利便性の社会に埋もれぬよう自分の生き方に柔軟になり、創造力を働かせて自己のキャリアをよく分析し、現在の自分から生き方を考える時代を迎えているのです。

① 便利な社会の子どもへの影響

人間社会は、生活で不便なところがあると、常に、それを改善したり工夫して、便利な生活を創造してきましたが、現代は、「便利すぎる社会」になっています。そして、便利な道具や生活には、常に、メリットとデメリットがつきまといます。また、一つ便利になると、人間の持っている能力を一つ失うともいわれてきました。便利さを否定するつもりはありませんが、便利になることによって失われているもの、人間を不幸にしているところも存在するのです。その影響は、とりわけ、現在の子どもたちに多く出ているように思います。

例えば、子どもは、何でもできる、いつでもモノが手に入るという錯覚や、自分の生活でも

「めんどくさい」「誰かがやってくれる」という逃げが起こっています。その他、物事への興味や周囲への関心が薄くなり、社会の一員としての「当事者意識」が希薄になってきています。そこで、現代の便利な社会で生活する子どものリスクを考えた育て方、関わり方が必要になります。

便利な社会での子どものリスクから育て方を考えると、

・物事への興味・関心を高め、「気づく力」を育てること。
・自分の生活を工夫したり、自分で考える力・創造する力を身につけておくこと。
・自分のことは自分でできるように自律心を育て、生活をするうえで準備や段取り力を育てること。
・自己の理解や自己のわきまえるべき分を考え気づかせて、自らの評価ができるように関わること。
・自分で体験する機会を増やしたり、体験から学ぶ力を身につけて、自分から行動・挑戦する力を育てること。

など、子どもへの影響を受け止めた関わり方を考える必要があります。

② 手間・暇をかける子どもの体験に価値付けを

便利になり過ぎて、子どもは自分で何をしたらよいか、どのようにしたらよいかを自分で考え、行動することができにくくなっています。子どもの周囲にいる人の支援が行き届きすぎているからではないでしょうか。いままでの生活で育っていない力を、子どもが自分の力で生きるために再考する必要があると思います。また、与えられる生活の習慣がありますから、自己の生活で何が足りないのかを考えて、自分で工夫し改善する力も必要です。自分が持っている知識を自己や社会のために使って現状を改善するために考えたり段取りをして、行動に移すための力です。大事なことは、子どもを社会の生活者として「当事者意識」を育てることが必要なのです。

子どもは、学校で授業を受けて多くの知識を習得しています。その知識を活かすために、学校には学校行事やクラブ活動など体験的な学びがあります。子どもの興味や関心は多様で、誰もが得意なことや不得意なことを持っていて、お互いの交流を通して自己啓発をするのです。

そこで、学校生活のなかの体験から学ぶ学校行事の意味を考えてみましょう。

・なぜ、学校行事が行われるのか、その目的と手段の確認をすること。
・学校行事の体験によって、生活力・生きる力を高める指導の必要性。
・学校行事の「事前指導」・「実施（本番）」・「事後指導」を常に確認すること。
・学校行事から学んだことの振り返りをすること。

学校行事を通して何に気づき考え、これからの自己の生き方に役立てられるか、自己の生活の省察が必要になるのです。

また、クラブ活動から学ぶことについても、まとめておきます。

・クラブ活動をとおして、自己を知り社会人力を磨くこと。
・自己の主体性・積極性・忍耐力を育てること。
・仲間との協力・協働と感謝の体験をすること。
・「思うようにいかないこと」の体験。

特に、クラブ活動の意味は、人間関係の鍛錬であったり、集団での自己の見直しが重要になります。とりわけ、集団で行われるクラブ活動の場合には、自分の思うようにいかないことが多いですから、自己の人間力や他者との関わり方について学ぶことは、多いと思います。

ところが現実には、うまくいくようにとか、勝つためにとかが優先してしまって、子どもに足りないことを体験させ、保護者や教員がその体験の持つ価値を子どもと共有することが二の次になっていないでしょうか。授業はもちろん、学校行事やクラブ活動の学びには、教員や親の手間・暇がかかります。でも、子どもにとって体験から学ぶことは、多いと思います。うまくいった「成功体験」からは、なぜうまくいったのかをじっくり考えさせて、次の行動に挑戦する自信につなげられるのです。また、子どもにとって一番多い、「失敗体験」です。思うようにいかないことをそのままにして悶々としている子どもは、少なくありません。時に、うまくいかなかった原因を他人に責任転嫁してトラブルになっている子どもも見られます。物事は、うまくいかないことの方が多いのです。どうして思うようにいかなかったのかを、まず個人として振り返り自己の次の行動に活かすこと、そのうえで集団としてもお互いのなすべきこと、集団としての個人の役割を考えさせることが、体験の目的であり指導者（顧問）の役割なのです。その他の体験として「異文化体験」「感動体験」などがありますが、いずれの体験も子どもが逞しく生きる力や、生活者として社会の構成員の在り方を学ぶ機会であり、この指導こそ、手間・暇をかけるべき子どもの生きる力・生き残る力になるのです。

便利な社会で生活している子どもが、もしも不便な生活や想定外の不都合な状況を余儀なくされた場合を考え、とりわけ、流動性の激しい時代に生きる子どもを不幸にしない学びのための環境づくりも必要だと思います。

③　男子生徒と女子生徒をともに幸せにする男性・女性の生き方を

これからの男子と女子の教育については、男女共同参画の現実を踏まえて男女が実質的に共同参画できる社会の課題を意識して育てる必要がある時代です。

最近は、女性の生き方や働き方、男性の生活の仕方、長寿社会を迎えた定年後の現実が社会問題として取り上げられるようになりました。大事なことは、男女がお互いに共同してどのような生活をするかを、社会に出る前の生徒に考えさせておく必要性です。現在、中等教育に在籍している生徒が社会に出る前までの課題として、ワークライフバランスの問題について制度として学ぶことはありますが、男女共同参画の現実の問題、例えば、結婚か仕事かの選択ではなく、結婚も仕事も、の時代の女性の生き方、幼稚園・保育園時代の育児、待機児童の問題、また、男性の生き方も終身雇用や年功序列賃金制ではなく非正規雇用の増加。あるいは、仕事中心の生活から『生活があっての仕事』という意識へと変化してきていることの学びの必要性です。さらに、男女協働の職場の環境づくり、男女協働は雇用や昇進、収入の問題だけではなく、男女それぞれの生き甲斐としての職場づくりでなければいけません。また、職場は流動的で、派遣労働の問題やパート、アルバイトの問題、専業主婦の公的な支援も崩れ出し、家庭環境や家庭の運営も変わりつつあることです。

これから迎える人生100年時代の生き方の問題として、男子・女子それぞれがお互いに共同して生活をするための男女の意識の転換を、支援しておかなければならないと思います。とりわけ、中等教育にある生徒の目を社会に向けさせ、これからの時代の男女共同の課題を気づかせ考えさせる教育こそ、男子校・女子校、共学校に必要な時代だと思います。

まとめにかえて

目に見えない学力の指導が必要
修得した知識を生きる力に結びつける

大学全入の時代を迎えている一方で、若者の社会人力の希薄さが問題になっています。生徒の進学率が上がって大学に合格する知識は持っていても、社会人として必要な力が脆弱であるということです。そのため大学でも学生に「社会人基礎力」としてのキャリア教育のプログラムを履修させ、社会人としての力を高めなければならない状況がみられます。

過日、朝日新聞に主要大学の学長を対象としたアンケートが載りました。多くの大学が授業改革を進める一方で、現在の学生に足りないもの、大学が学生に求めるものを指摘していました。学生に対する学長の要望をみると、高い順から、主体性、グローバルな視点、積極性、コミュニケーション力、独創性、忍耐力などが挙げられていましたが、これらの資質は、いずれも社会に出る前に高められていなければならない社会人に必要な条件です。

このような社会人として必要な能力は、各教科はもちろん、小学校から特別活動や道徳、総合的な学習の時間などを通して指導されていますが、結果として、学習効果が思うように出ていないということです。進学率が上がり、知識の多い児童・生徒が増えているにもかかわらず、社会人としての生きる力、生き方が身についていないということは、現在の指導が、知識という目に見える学力の修得が中心になっていて、前述のアンケートのような、生徒の生きるための目に見えない学力に対する指導に、学校はもっと関心を向ける必要があるということではないでしょうか。

現代社会は、長い不況の時期はあったものの便利でモノが豊富になり、とても豊かで成熟した社会的状況にあります。子どもは、食べるものや着るものに何不自由なく、おカネは、銀行に行けば手に入るという小学生もいる時代なのです。成熟した社会で育った若者には、社会生活をするうえでのモノの価値や人の行為の意味、さらには、豊かさの意味や自己のための生活を判断する材料や基準を考え学ぶ機会があるのでしょうか。

また、現代は、何でも充足されているため、あえて、自分で選択しなくても生活できる社会です。たとえ、選択しても不要と感じれば、いつでも使い捨てのできる生活です。若者にとって、自分で悩み・苦しみながら選択することの重みを体験できない、いわば、生きることの受難な時代を迎えているのが現代の若者ではないか、と感じられます。

私学は、建学の精神のもとで社会の状況を見据えながら人育てに育み、社会が変われば、当然、教育方法や教育内容を検討し、改善しなければならないと思います。ましてや、成熟化し多様化している現代社会における私学のあり方としては、学校で習得した知識を子どもの生き方や生きる力に結びつけ、学校を卒業する時には、社会人として活躍できるような、基礎的能力の指導・支援の必要に迫られていると強く感じています。私学は、もう一度、子どもが何のために学ぶのか、その学び方、学びの意識や意欲など、子ども目線に立った「目に見えない学力」に関心を向ける時がきているように思います。

時間の管理能力、段取りの習慣化が重要
人間関係づくりを学校生活で実践

若者の話題になっている社会人力の課題は、物事に進んで取り組む力や目標に向かって問題を解決する力、仲間と協働する力の脆弱さなどが指摘されています。そこで、子どもの社会人力を育むうえで必要なことは、「主体性」の指導が必要かと思われます。この主体性を育てるためには、子ども自身が、自分でしなければならない課題に気づき、それをどのように実践したらよいかを考え行動に移す、という「目に見えない学力」を支援することではないでしょう

か。

具体的には、まず、子どもの自律と、そのための時間の管理能力です。時間には終わりがあるということ、その与えられている時間内に自分の意思で自分のやりたいこと、やらなければならないことができるよう、日常生活のなかでの指導が大切になります。さらに、限られた時間を活かすための段取りの習慣化も目に見えない学力として重要な指導課題になっていると思います。

また、私たちの生活は、思うようにいかないのが当たり前ということです。ましてや先の見えにくい不透明で、生き方の正解の無い時代でもあります。そこで、人生は、思うようにいかないことが当たり前という認識を、子どもに考えさせることの大切さを感じます。子どもは、何事もうまくやらなければならない。うまくいかなければ自分の能力がないと判断しがちです。物事うまくいかないから、うまくいくための努力の意味があるわけです。

うまくいかないことが繰り返されると、誰でも前向きにはならなくなります。多様な生活と情報の多い現代社会ですから、子どもはうまくいくかどうかの見極めが早くなり、あきらめも出やすくなります。思うようにいかない時にそれを乗り越えて、やるべきことがやれるような意識を育てる関わりこそ、社会で逞しく生きる力を育み、それが自律の一歩につながると思います。

さらに、他人との挨拶や対話の仕方、言葉遣い、マナーや身だしなみといった生活指導上の問題を学校は日常的に抱えています。それは、人の持つ雰囲気や印象が、お互いの人間関係を決めてしまうことがあるからです。人は社会という枠組みのなかで、人と関わりながら生きているということを子どもに理解させ、そのための人間関係づくりを、学校生活のなかでしっかり実践する時代でもあります。

人間関係の風通しを良くするために学ぶ、コミュニケーションやグローバル社会の意味などについても、知識としてだけではなくその本質を捉えてしっかり理解させたいものです。社会が変化しても、子どもの心に影響を与えるのは、学校生活を通して学ぶ人間関係です。そして、子どもの社会人力は、指導に当たる教員の高い意識が課題になるとも言えるのです。

親と教員による指導連携
キャリア教育の視点が重要

現代の家庭環境は、核家族化し少子化の傾向ですから、親、とりわけ、お母さんの関わりが子どもの成長に大きく影響していると思われます。ところが、お母さんのなかには、どのような関わり方が子どものためになるのか、何をすれば子どもは幸せになるのか、先の見えない子どもの将来に、子育ての迷いを持つ親は少なくありません。

そこで、人を育てるために児童・生徒を預かっている私学としては、子どもの育っている家庭や社会的背景をしっかり把握し、子どもの将来を見据えた関わりについて、親と協力し支援をする関係づくりが必要になっていると感じます。

思春期は、子どもが体験を通して試行錯誤をし、自分の能力を見極めたり性格の確認をして将来を考え、あるいは人間関係づくりをする時期です。子どもの生活力を高めるためには、家庭生活だけでは足りません。親の子育ての現状を見ても、子育てについての「不易」の部分の連携が必要になると思います。不透明な社会で生きる支えとなる子ども一人ひとりの羅針盤や社会人としての基礎・基本を一緒に考え、支援する時代がきていると思います。

つまり、指導の内容としては、社会生活のための知識を各教科で習得し、同時に、社会で必要なマナーやルールの理解によって社会生活の基本を身につけ、子どもが社会的に自律できるように指導することです。さらに、周囲の人や社会との豊かな対話力、つまり、自己表現やコミュニケーション力を学び、いろいろな状況でリーダーシップが発揮できるよう、目に見えない学力も身につけさせたいものです。そのためにもう一度、学校行事や委員会、クラブ活動などの指導の意味を見直す時期です。子どもの生活は、結果も大切ですが、むしろ、それを生み出す過程を見直す必要があります。生徒の体験を体験として終わらせず、生徒に自信を与えて生きる力に高めることが課題となると思われます。

これからの私学は、キャリア教育という視点に立って、子どもの生き方と生きる力、いつでも学べる力を育むための教育的対応を工夫しなければならないと思います。目に見える学力と目に見えない学力の両輪がうまく機能することによって、子どもが仲間と協働してことにあたったり、目の前の課題を進んで解決する人間力や社会人力を育てるためです。そのためにも、親と教員による指導の連携が、私学の喫緊の課題として挙げられます。

あとがき

東日本大震災の津波に襲われ、宮城県石巻市の大川小学校の多くの児童や教職員が犠牲になりました。その時、6年生だった次女を失った元中学教諭の佐藤敏夫さんの講演を聴く機会がありました。中学校では、防災担当でもあった佐藤さんは、「命を救うための時間も手段も情報もあったのに」と、言葉に力を込めて当時の様子を次のように話されました。

地震（津波）は、天災であったかもしれないが、救えた命を救えなかったのは、「組織としての意思決定の問題」である。津波が来たのは、地震の約50分後。その直前まで、子どもたちは、いつもの防災訓練でしていたように、低地の校庭に集合していた。スクールバスも待機していた。近くには、子どもたちが日頃遊んでいる山もあったのに、と。

「組織と意思決定の問題」、この激しい社会変化の時代に、子どもを預かる私学は、組織が円滑に機能しているか。意思決定は、遅滞なく行われているか。子どもの指導の問題。教員の人間関係や働く環境づくりの問題。保護者と学校の連携など。学校関係者が相互に、子どもを育てるという当事者意識が育っていなければ、想定外のことが起こっても思考停止してしまって、速やかな対応はできません。不確実な社会こそ、子どもはもちろん、子育てに関わる者が当事者意識を持って個人による危機管理と、とくに、「念のための言葉（発言）」の必要性が求められていると思います。

初版から5年が経ちましたが、社会の変化は、さらに、子どもの育ちにくい状況になっています。専業主婦であったお母さんの多くは、常勤で仕事に出るようになりつつあります。子どもの放課後の居場所も、学童保育・アフタースクールです。子どもの心の居場所はどうなるのでしょうか。子どもの面倒見で悩む親も増えつつあります。いや、「家族とは何か」と、家族そのものの存在が問われ出しているようにも思います。

少子化での子育て不安も増加しています。最近は、幼稚園の保護者や教員からも子どもへの関わり方の相談が多くなっています。従来の親の多くは、自分が育てられたことをモデルにして子どもに関わり、子育てしてきました。しかし、親も、自分が育ってきた社会と子どもの未来の社会の違いに気づきだしてもいます。ましてや、母親のなかには、ゆとり時代に自由に子育ちしてしまい、自分の親から人間関係や社会人としての力を十分に育んでもらえずに大人になってしまったという親も少なくないようです。子どもを持って、子育ての不安に襲われ相談をしたいということになっているのです。

「子どもは、育てられたように育つ」と言われます。子どもの「面倒見」が過剰になって甘やかしてしまうケースも増えているようにも感じます。逆に、子どもの自由と称して、まったく放任し子どもが集団生活からはみ出しているという、極端なケースもうかがえます。このような面倒見で、子どもは将来社会に出て困るのではないか、という現実問題にも遭遇していま す。子どもは、大人になるまでに子どもの発達に応じた「保護」が必要です。しかし、その保護が、少し過剰になると過保護になり、親が子どもを放置してしまうと放任になってしまい、子どもの自律は難しくなります。過保護と子どもの意思の尊重のバランスを考えることが、子どもを元気に育てることになるのです。

教育現場を見ても、現に、自律できずに依頼心が強く、言われたことしかできない小学生や中学生も増えつつあることを見たり聞いたりしています。子育ては、日頃の関わりが子どもに影響しますから、わが子の人間力や社会性は幼稚園や学校の先生にお任せにせず、親の役割を意識する必要があります。

とくに、幼児教育は、人生の土台づくりです。子どもが自己の本能で生活することから次第に自己や他者へ目を向けて、自分はこうしたいという意識（自律）を育てる時期です。子どもは、他者との学び合いをしながら人間関係や社会性を身につける能力を養うのです。それが幼児期から養われる「非認知能力」でもあるのです。子どもの生活意欲や粘りやすさ、協調性や忍耐力、計画性、自制心など、まずは、兄妹関係で育まれ、幼稚園や小学校でも育てられるのです。しかし、この非認知能力は、幼稚園時代から親や教員が積極的に意識して関わっていかないと、子どもの将来の生活に影響する課題だともいわれています。さらに、不安定で流動性の高い子どもの未来社会の状況を踏まえて、親や教員は一人ひとりの子どもの興味・関心事、特技を伸ばす子どもの生活支援も必要になります。これからの社会は、みんなと同じことができるだけでは、子どもは生き残れない社会になりつつあるのでは、と危惧するからです。

私学の場合は、子どものキャリア教育という視点に立って、子どもの持つ潜在的な能力、その子どもらしい能力を育てる、いわば、一人ひとりの子どもの「人間開発」をすることが、ますます課題になると思います。繰り返しになりますが、私立学校の目的には、社会に有為な人材を育てる役割もあります。自校の指導に基づいて預かった子どもを「社会で必要な能力（学力）」を育てることが優先課題になっています。子どもを社会のお客さんにではなく、社会の当事者に育てることです。子どもが周囲に関心を向け他者に指示されずに気づき・考え・行動できるよう、主体性と自律心を育てることこそ、私学の存在（意味）になると思います。

令和二年 弥生

淡路 雅夫

〈著者紹介〉

淡路　雅夫（あわじ　まさお）

淡路子育て支援教育研究所主宰。國學院大學・同大学院修了。私立浅野中学・高等学校（神奈川県）校長、浅野工学専門学校非常勤講師、関東学院大学非常勤講師等を歴任後、現在の研究所主宰。その間、國學院大學の幼児教育志願者の勉強会、同大學の教職志願者のための特別講師、東邦大学での教職アドバイザーに従事。

専門分野は、子どもの教育・福祉を中心とした家族・親子問題。現在は、私立学校の教育顧問として教育アドバイザーにも従事し、保護者の教育相談・講演・執筆を行う。近年は、私立幼稚園の保護者や教員・幼稚園協会での講演も多い。

著書に『児童福祉概論』（八千代出版）、『人に育てられて生きる』（社会評論社）、『お母さんにはわからない思春期の男の子の育て方』（中経出版）、『お父さん お母さん 気づいていますか？ 子どものこころ』（グローバル教育出版）他

論文としては、『私立中学・高等学校における組織運営マネジメント』雑誌「私学経営」No.454（2012 年 12 月号）、『こうすれば保護者のクレームは少なくなる』雑誌「私学経営」No.486（2015年8月）、『私学の転換期の課題を考える』雑誌「私学経営」No.517（2018 年 3 月）〔いずれも公益社団法人私学経営研究会〕他

増補・改訂
先生！　子どもが元気に育っていますか？

2020年4月1日　初版第1刷発行
著　者　淡路 雅夫
発行者　山本 浩二
発行所　株式会社グローバル教育出版
〒101-0047　東京都千代田区内神田2-4-2　グローバルビル
電話　03-3253-5944　　FAX　03-3253-5945

編　集　株式会社ライズ
表紙デザイン　やまじ もとひろ
表紙写真　ぱくたそ
印　刷　瞬報社写真印刷株式会社